Giusina
in cucina

Dal programma **Giusina in Cucina**
in onda su **Food Network**

© 2021 RCS MediaGroup S.p.A., Milano
Proprietà letteraria riservata

Fotografie
@Alex Alberton e @Silvia Pellegrinato pp. 26, 28, 34, 40, 46, 48, 50, 51, 64, 68, 71, 84, 90, 100, 102, 110, 130, 134, 135, 144, 178, 196
@GianMarco Vetrano pp. 12, 13, 17, 25, 57, 61, 163, 175, 189, 205
@Giusina Battaglia pp. 32, 38, 42, 54, 58, 62, 66, 76, 78, 80, 88, 92, 98, 106, 108, 112, 114, 118, 121, 122, 124, 126, 128, 136, 140, 142, 146, 148, 152, 156, 159, 160, 166, 170, 172, 176, 182, 186, 190, 194, 198
@Shutterstock pp. 37, 133, 169, 181, 185, 193, @Unsplash 139, 151

Illustrazioni
@Ilenia Galia, @Shutterstock

Si ringrazia Daniela Sclafani per le location:
Locanda del Gusto, corso Vittorio Emanuele 316 – Palermo
Orto Botanico, via A. Lincoln 2 – Palermo
Mercato del Capo, via Cappuccinelle - Palermo

Coordinamento editoriale
Irene Milazzo / PEPE *nymi*

Progetto grafico e impaginazione
Eleonora Tallarico/ PEPE *nymi*

ISBN 978-88-309-0192-6
Prima edizione: ottobre 2021
Terza edizione: novembre 2021

Giusi Battaglia

Giusina in cucina

La Sicilia è servita

Sommario

Prefazione 9

Introduzione 14

Capitolo 1: *Antipasti*

Pane fritto con acciughe e tuma 20
Agrodolce di carciofi 21
Crostata di frolla salata ai carciofi 22
Verdure in pastella 24
Polpette di sarde 27
Polpette di pane 29
Polpette di melanzane 30
Polpette di tonno 31
Peperoni alla palermitana 33
Involtini di melanzane 35
Involtini di tuma 39
Caponata 41
Timballo di melanzane 43
Caciocavallo all'argentiera 44
Carciofi a viddanedda 45

Panelle.. **47**
Cazzilli.. **49**

Capitolo 2: *Primi*

Spaghettoni pesto di pistacchi e gamberoni..................... **55**
Spaghetti al nero di seppia.................................... **56**
Anelletti al forno... **59**
Pasta c'anciova... **63**
Pasta con le sarde.. **65**
Pasta con i broccoli arriminati................................ **67**
Arancine.. **69**
Sformato di riso (arancina scomposta).......................... **72**
Pasta con le sarde a mare..................................... **74**
Pasta Trinacria... **75**
Pasta con i tenerumi.. **77**
Pasta di Favignana.. **79**
Tagano di Aragona... **81**
Pasta alla Norma.. **85**

Capitolo 3: *Secondi*

Frittata di ricotta... **89**
Fettina panata.. **91**

Involtini alla palermitana con patate sabbiate **93**
Brociolone **96**
Melanzane a beccafico **97**
Seppie in umido al pomodoro **99**
Tortino di sarde **101**
Sarde a beccafico **103**
Gateau al ragù **104**
Peperoni ripieni **107**
Calamari ripieni **109**
Cotolette alla marescialla **111**
Pesce spada alla palermitana **113**
Involtini di pesce spada **115**

Capitolo 4: *Lievitati*

Rosticceria (calzoni, pizzette, rollò con wurstel, ravazzata) **119**
Brioche **123**
Brioche salata farcita **125**
'nfriulate **127**
Focaccia messinese **129**
Sfincione **131**
Sfincione bagherese **137**
Treccine **141**
Ciambelle **143**

Grissini **145**

Pane cunzatu **147**

Pizza a modo mio **149**

Pagnottine al sesamo **153**

Capitolo 5: *Dolci*

Cassata al forno **157**

Cassata al gelo di anguria **161**

Biancomangiare **164**

Sfoglio delle Madonie **165**

Rotolo di ricotta **167**

Pupu cu l'ovu **171**

Cassatelle di Agira **173**

Pan d'arancio **177**

Cannoli **179**

Taralli **183**

Cassatelle **187**

Buccellato della mamma **191**

Dolcetti di mandorla **195**

Reginelle **197**

Cartocci **199**

Ringraziamenti **202**

*A Carolina
Grande madre e maestra*

Prefazione

di **Ficarra & Picone**

Abbiamo visto piatti che voi umani...

E poi Giusi da Palermo si trasferì a Milano... e per noi la faccenda si complicò terribilmente.

Quando Giusi viveva a Palermo, eravamo abituati a mangiare a casa sua un giorno sì e un giorno pure.
 «Pronto, Giusina, stasera abbiamo finito le prove in teatro tardissimo. Conosci un ristorante che può farci mangiare a quest'ora?»
 «Ma scusate, perché non venite a mangiare da me?!»
 «Ma sei sicura che non disturbiamo?»
 «Ma certo, ragazzi, vi aspetto!»

«Pronto, Giusina, stasera siamo rientrati tardi da uno spettacolo. Secondo te...»
 «Ma certo, ragazzi, vi aspetto!»

«Pronto, Giusina...»
 «Ma certo, ragazzi, vi aspetto!»

Tra noi e Giusi vigeva un patto non scritto: noi ogni sera ci inventavamo una nuova scusa per andare a mangiare a casa sua e lei ogni sera si inventava una nuova ricetta per noi.
 Fu durante un dopocena di una di quelle sere, mentre guardavamo per l'ennesima volta *Blade Runner* in tv, che Giusi ci comunicò la sua intenzione di trasferirsi a Milano per lavoro.
 Vedendo in pericolo le nostre cene, tentammo biecamente di convincerla a non partire dicendole che a Milano c'era la nebbia, che i mila-

nesi non tifavano per il Palermo e che da Milano non si vedeva Monte Pellegrino. Cosa inconcepibile per un palermitano.

Fu tutto vano. Quella stessa sera ci confessò che aveva già comprato i biglietti dell'aereo.

Fu un brutto momento. Non eravamo pronti a rinunciare a lei e alla sua cucina. Ci sentivamo come Roy Batty che in quel momento in tv, sotto una pioggia battente, stava facendo uno dei monologhi più belli e tristi della storia del cinema: «Io ne ho viste cose che voi umani... È tempo di morire».

Così, dopo qualche giorno, la nostra Giusina da Palermo si trasferì a Milano e per noi, appunto, la faccenda si complicò terribilmente.

Mai arrendersi, però. Così passammo in rassegna tutte le possibili soluzioni, fino a quando non concepimmo il piano perfetto.

Dicemmo al nostro agente che eravamo stanchi di fare gli spettacoli solo in Sicilia e che ci sentivamo pronti per il grande salto al Nord, soprattutto a Milano. L'agente, ignaro delle nostre reali motivazioni, tentò di scoraggiarci dicendoci che a Milano non c'era il mare, che i milanesi non parlavano siciliano e che Santa Rosalia a Milano aveva un potere limitato, cosa considerata improbabile da qualsiasi palermitano. Alla fine però si arrese e così partimmo tutti per Milano.

Quelli a venire furono mesi duri. Bussammo alle porte di tutti i teatri milanesi supplicandoli di ospitare il nostro spettacolo; pregammo in ginocchio Giancarlo Bozzo per farci fare qualche puntata di *Zelig*; pagammo ingenti somme di denaro al Gabibbo per entrare nelle grazie di Ricci; pagammo altri soldi a Ricci per entrare nelle grazie del Gabibbo; poi ripagammo il Gabibbo per rientrare nelle grazie di Ricci; e ri-ripagammo Ricci per ritornare in quelle del Gabibbo. Quando scoprimmo che i due si erano messi d'accordo, li minacciammo di raccontare tutto ai giornali. E così furono costretti a prenderci a *Striscia la notizia*, non prima però dell'esborso di un'ultima tranche di pagamento.

Poco importava, comunque, perché lo scopo era stato raggiunto:

anche noi finalmente lavoravamo a Milano! E soprattutto eravamo di nuovo vicini a Giusi e alla sua cucina.

E quindi si ricominciò.

«Pronto, Giusina, stasera abbiamo fatto tardi in trasmissione...»

«Ma certo ragazzi, vi aspetto!»

«Pronto, Giusina...»

«Ma certo ragazzi, vi aspetto!»

E noi non ci facevamo certo aspettare. Andavamo. Sempre. Puntuali. Presentandoci sorridenti sull'uscio di casa sua con scuse sempre nuove e con la solita vecchia faccia tosta.

«Giusina, possiamo?»

«Ma certo, ragazzi, vi aspettavo!»

Entriamo. Giochiamo un po' con i bambini. Parliamo un po' con Sergio di calcio e di mercato. Poi, come sempre, dalla cucina arriva Giusina con le sue portate. Tradizionali. Vere. Sincere. Ma soprattutto accoglienti.

È questo il segreto del suo successo. Racchiuso in quel suo semplice «ma certo, ragazzi, vi aspetto!» che lei ha esteso alle tantissime persone che ormai la seguono. Una cucina semplice che però ogni volta ci stupisce come un bel film che vedi e rivedi.

A casa di Giusina, infatti, abbiamo visto piatti che voi umani non potreste immaginare cascate di besciamella fumante adagiata su pasta al forno condita con uova, piselli e melanzane. E abbiamo visto ruote di pesce spada agli aromi nuotare nel vino bianco tra capperi, pomodorini, olive e acciughe. E abbiamo visto impasti di diverse farine lievitare per giorni e trasformarsi in soffici *sfincioni* pregni di cipolla e pomodoro. E poi migliaia di ciambelle emergere dall'olio bollente. E abbiamo visto colate di ricotta, mischiata a chili di zucchero e cioccolato, diventare ripieno per cannoli.

E tutti quei momenti rimarranno impressi nel tempo, come macchie di ragù sulle camicie bianche... È tempo di mangiare.

Ficarra & Picone

Introduzione

La mia avventura culinaria, come forse molti sanno, è iniziata per caso. Durante il primo doloroso lockdown, esattamente il 21 marzo 2020, come milioni di persone ho sfornato l'ennesimo lievitato. Alternavo: un sabato la pizza e quello successivo la rosticceria. Per i non palermitani, la rosticceria è uno dei nostri prodotti tipici per eccellenza. È una pasta brioche, con all'interno diversi condimenti, a seconda del pezzo. Sì, perché i «pezzi» di rosticceria sono la nostra colazione, la nostra merenda e anche il pranzo e la cena. Non stanca mai, non può stancare mai. Ebbene, dopo aver pubblicato la foto dei miei pezzi (avevo fatto calzoni e pizzette, trovate quella foto a pagina 121), come spesso accadeva da quando avevo aperto le mie pagine social, ricevo un messaggio in privato su Instagram. Era il direttore di Food Network e Real Time Italia Gesualdo Vercio che, da buon siciliano di Termini Imerese in provincia di Palermo, mi chiedeva la ricetta. Mi ha scritto qualche giorno dopo, entusiasta. Già aprendo lo sportello del forno aveva respirato il profumo mai dimenticato della sua amata rosticceria. Aveva ritrovato il sapore del pezzo che mangiava sempre nel bar sotto casa, quando viveva in Sicilia. Un flash per lui, come la madeleine di Proust. Una grande felicità per me: aver potuto rievocare un sapore, un'emozione grazie a un cibo che nella città che ci ha adottato, Milano, era difficile trovare. Tutto ciò era ed è sempre un motivo di grande gioia.

    Mi sono soffermata su questo avvenimento e ho voluto raccontarvelo perché l'episodio, sicuramente emozionale, per molti poco significativo, è stato per me l'inizio di una grande opportunità. Se oggi scrivo queste righe e voi potete sfogliare il libro, devo solo ringraziare ciò che vi ho appena raccontato. È durante quella telefonata con Vercio che arriva la proposta che all'inizio, confesso, non ho accettato: un programma con le ricette della cultura gastronomica palermitana. Non avevo ben capito. Pensavo di dover dare le mie ricette a uno chef, a un cuoco di esperienza che poi le avrebbe riproposte in tv. Magari avrei potuto firmare quel programma come autrice, uno dei miei sogni chiusi a chiave nel cassetto. Invece avevo capito male. Ero io la persona giusta, secondo il direttore. Non so perché aveva avuto quella sensazione, io non credevo di essere in grado. Ma alla fine, in un momento drammatico come quello che tutto il mondo stava vivendo, ho deciso di provare a fare una cosa nuova, restando a casa e con il solo ausilio di due smartphone.

D'altronde dovevo fare era la cosa più bella e naturale per me: cucinare. L'unica differenza erano le due piccole telecamere di due telefonini che, con la cura di mio marito, avrebbero fermato delle immagini vive raccontando il cibo, il mio cibo del cuore. Era il 2 maggio 2020 e quella data ha segnato il debutto di *Giusina in Cucina* su Food Network Italia. Non potevo saperlo, ma quel giorno è stato anche lo *switch* della mia vita. Se un angelo mi fosse apparso in sogno raccontandomi che avrei fatto un programma di cucina e quindi un libro, avrei detto: «Hai sbagliato previsione, forse hai confuso il mio indirizzo con quello di un altro». E invece il destino aveva già deciso per me.

Non mi aspettavo che *Giusina in Cucina* avesse una lunga vita, non credevo che potesse succedere nulla di quanto è accaduto. Nessuno poteva saperlo. A un anno e mezzo da quel giorno quel sogno non è ancora finito. Il mio programma continua ad andare in onda con tante belle novità e io sono qui con questa nuova avventura che è *Giusina in Cucina - La Sicilia è servita*. Dal giorno che mi è stata fatta la proposta a oggi non è passato un momento senza immaginarmelo tra le mani. Ho scelto le ricette che per me sono alla base della nostra cultura gastronomica, l'alfabeto, i numeri primi. Se vorrete iniziarvi alla cucina siciliana, o siete già dei veri cultori, questo è il libro giusto (spero!). Le ricette sono proprio le mie, quelle che ho sempre fatto e che mi ha tramandato la mia famiglia, per la maggior parte fedeli alle originali, ma alcune con qualche licenza che mi sono concessa, perché per me cucinare vuol dire anche sperimentare, provare, scoprire. Un libro che è sicuramente frutto dell'amore. L'amore che io ho sempre avuto per la cucina, quando già da piccolina pasticciavo con burro e farina per la felicità di mia madre!!! Il primo salame di cioccolato l'ho fatto a otto anni, ed era solo di mia proprietà! Nessuno poteva mangiarlo, se non quando decidevo io. 😊

La mia mamma è stata sempre per me motivo di ispirazione e grande motivatrice. Non potevo non dedicare a lei questo primo figlio di carta perché, sempre parlando di amore, il suo amore per la famiglia e per la cucina ce l'ho scolpito nel cuore.

Questo libro è però anche il frutto del vostro amore. Sì, parlo proprio di te che stai leggendo, adesso. Non è piaggeria. Non sono il tipo. Ma l'affetto incondizionato che mi avete donato, giorno dopo giorno, ricetta dopo ricetta, sui social soprattutto, ma anche sul mio sito con messaggi stupendi, incoraggianti, semplici, diretti e pieni, appunto d'amore, mi hanno portato qui. Senza nessun giro di parole: questo libro è nostro. Lo abbiamo costruito insieme, lo abbiamo voluto insieme e lo stiamo condividendo. Per questo ho scelto alcuni dei messaggi che mi hanno colpito di più in questi mesi e li troverete sparsi per il libro. Sentivo di farlo perché ogni volta che ne arrivava uno era per me un'emozione grande e voglio che qui ne rimanga la traccia. Per sempre. Sono arrivati anche messaggi meno belli, ovvio. Parole come lame, che non hanno fatto altro che caricarmi e spronarmi a fare sempre meglio. E anche a voi arriva il mio grazie, perché nella vita serve tutto. E io ho ancora tanto da imparare, tanto da migliorare.

Buona lettura, amici. Questo libro è vostro. Custoditelo perché dentro ci sono passione, vita, sogni, ansie, lacrime e, naturalmente, tanto amore!

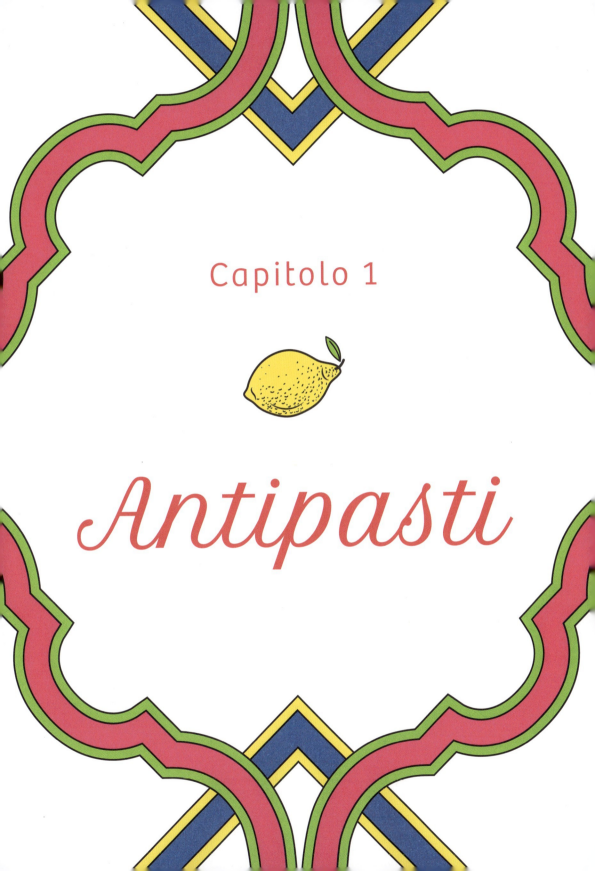

Capitolo 1

Antipasti

Livello di difficoltà: **facilissimo!**

Pane fritto con acciughe e tuma

Questo è uno di quei piatti talmente golosi che lo mangerei persino a colazione. Ricordo che quando l'ho preparato per il programma erano proprio le dieci del mattino e non ho fatto in tempo a girarmi che già lo avevano divorato... Mi piace tutto: il pane, la tuma, l'acciuga. Un accostamento semplice ma vincente. Vi posso garantire che è un piatto da urlo. Anzi: mi è venuta voglia, vado a prepararlo di nuovo!

Ingredienti per 4 persone

- 8 fette di pane raffermo
- 200 g di tuma
- 10 acciughe
- 4 uova
- farina
- olio evo
- sale
- pepe

Preparazione

Tagliate a fette il pane e ammorbiditelo con un po' d'acqua, adagiatele su un piano e mettete su ogni fetta una fettina di tuma e un'acciuga. Coprite con un'altra fetta di pane, premete bene e passate nella farina, poi nelle uova condite con sale e pepe. Friggete in olio caldo e servite subito.

Agrodolce di carciofi

Livello di difficoltà: facile ma laboriosa!

Questa è la classica ricetta del ricordo. Della mia infanzia felice. Lo preparavano le massaie di Cerda, il paese in provincia di Palermo dove sono cresciuta. Lo si preparava per la festa de «I virgineddi», il giorno di san Giuseppe. Si offrivano dei piatti tipici, tra cui appunto l'agrodolce, ai poveri e ai bambini del paese. Una giornata che ricordo con grande affetto, perché si mangiava tutti insieme, si condivideva tutto e per noi bambini era una grande festa. Per me in particolar modo, visto che era anche il mio onomastico, e come sapete al Sud l'onomastico è importante quanto il compleanno... se non di più!

Ingredienti per 4 persone

- 8 carciofi
- 200 g di olive verdi
- 1 mazzetto di finocchietti di montagna
- cucunci (frutti del cappero)
- 1 cipolla
- 2 coste di sedano
- olio evo

Per l'agrodolce

- 2 cucchiai di zucchero e mezzo bicchiere d'aceto

Preparazione

Fate sbollentare i carciofi tagliati a fettine, quindi saltateli in padella con un filo d'olio. Cuocete la cipolla a fette con acqua e olio, fate sbollentare il finocchietto e saltatelo nella stessa padella con l'olio, unendo anche il sedano a tocchetti. Passate in padella le olive verdi, quindi i cucunci. Poi unite tutti gli ingredienti insieme, aggiungendo lo zucchero e l'aceto per fare l'agrodolce.

Antipasti

> Livello di difficoltà: **facile ma ci vuole impegno!**

Crostata di frolla salata ai carciofi

Se siete a dieta, vi consiglio di voltare pagina perché, vi avviso, questa è una delle cose più buone e golose che mangerete nella vita. E non temo di essere smentita. Goduriosa, friabile, gustosa. La amo follemente. La devo a Michele La Tona, una persona a cui sono molto legata, uno di famiglia, che ha fatto tanto per la vita culturale della nostra amata Sicilia. Tanti anni fa scrisse un libro tutto dedicato ai carciofi, e la mia mamma lo ha conservato, seppure un po' sbiadito, gelosamente. Vi invito a provarla. Ne rimarrete folgorati.

Ps: Per una versione più primaverile o estiva, sostituite i carciofi con fiori di zucca e zucchine. È buonissima, come l'originale.

Ingredienti per 6 persone

Ripieno

12 carciofi

1 cipolla piccola

100 g di formaggio tipo primosale

100 g di formaggio tipo provola

100 g di formaggio tipo caciotta

100 g di formaggio tipo emmenthal

250 g di parmigiano

olio evo

continua >

Preparazione

Pulite i carciofi e tagliateli a fettine, sbollentateli, quindi rosolateli con un po' di cipolla tritata e olio. Preparate la frolla, unendo alla farina il parmigiano, quindi il burro e le uova e un pizzico di sale. Fatela riposare una mezz'oretta. Nel frattempo, dedicatevi alla besciamella. Unite la farina al burro, in modo da creare il roux. Quindi aggiungete il latte a filo, sale, pepe e noce moscata e mescolate fino a farla addensare.

Stendete uno strato di frolla un po' più grande della circonferenza dello stampo a cerniera, in modo da coprire anche i bordi. Conservatene un po' per la decorazione finale. Bucherellate la base con i rebbi di una forchetta e coprite conuno strato di carciofi.

Per la pasta frolla salata

300 g di farina

150 g di burro

50 g di parmigiano

2 uova (medie o piccole)

sale

Per la besciamella

500 ml di latte

50 g di farina

50 g di burro

noce moscata

sale

pepe

1 uovo e due cucchiai di latte per spennellare

Unite i formaggi alla besciamella. Adagiate uno strato di carciofi sulla frolla, quindi mettete uno strato di besciamella e formaggi, poi aggiungete il parmigiano. Fate un altro strato. Ricoprite con le strisce di frolla rimasta. Spennellate con uovo sbattuto e latte. Cuocete per 30 minuti a 180 gradi, forno statico.

Livello di difficoltà: **elementare!**

Verdure in pastella

Le verdure in pastella sono un classico della vigilia dell'Immacolata. Si friggono tutte le verdure possibili, ma la classica pastella prevede anche e soprattutto i cardi. A casa di mia madre, quando c'è una cena, si fanno sempre le verdure in questo modo, perché sono speciali: soffici e croccanti. Sembra una contraddizione, ma vi assicuro che è proprio così. Questa pastella è un po' diversa dalle solite perché prevede una lievitazione. Se vi avanza, guai a buttarla, perché vi vedo! Prendete un bel cucchiaio e buttatela nell'olio caldo. Sarà una frittella buonissima, che potete anche passare nello zucchero e mangiare come delizioso fine pasto...

Ingredienti per 4 persone

- 3 carciofi
- 3 cardi
- 1 zucchina
- 1 cavolfiore
- 1 carota
- 1 melanzana

Per la pastella

- 200 g di farina
- 10 g di lievito di birra fresco
- acciughe
- sale

Per friggere

- olio di semi di girasole

Preparazione

Tagliate e pulite le verdure a listarelle, scottate cavolfiore, carciofi e cardi in pentole separate.
Setacciate la farina in una ciotola e aggiungete il lievito sciolto in acqua tiepida. Se volete, aggiungete anche una punta di zucchero per favorire la lievitazione. Mescolando, incorporate l'acqua necessaria per ottenere un impasto cremoso. Aggiustate di sale e aggiungete un paio di acciughine (se volete). Fate lievitare per un'ora fino a quando farà le bolle. Intingete le verdure nella pastella, scaldate l'olio e, appena è ben caldo, iniziate a friggere.

Antipasti

> Livello di difficoltà: **molto facile. Ma vi puzzeranno le mani!**

Polpette di sarde

Quando vai a Palermo, difficilmente in un ristorante tipico non puoi non ordinare le polpette di sarde. Sono proprio un antipasto o un secondo che non possono mancare mai nei menu dei luoghi più caratteristici del cibo made in Palermo. Sono semplici, gustosissime: farete un figurone. Io le servo con la salsa di pomodoro, ma ci sono anche volte in cui le propongo così, «nature», con a fianco una fresca insalatina. Unica accortezza: state attenti perché sono come le ciliegie... una tira l'altra!

Ingredienti per 4 persone

500 g di sarde pulite
1 spicchio d'aglio
4 fette di pancarrè privato dai bordi o pane raffermo
50 g di pecorino
1 manciata di uva passa
pinoli
1 uovo
1 ciuffo di prezzemolo
menta
sale

Per infarinare
semola o farina 00

Per friggere
olio evo

Preparazione

Mettete le sarde private di testa, coda e lisca in un mixer e frullatele per pochi secondi. Versatele in una ciotola e preparate gli aromi. Nel mixer frullate il prezzemolo, la menta e l'aglio privato dell'anima. Frullate anche le fette di pancarré. Mescolate tutti e tre gli ingredienti e aggiungete anche l'uva passa ammorbidita in acqua per 30 minuti circa e i pinoli. Aggiungete l'uovo e il pecorino grattugiato. Salate leggermente.

Mescolate bene l'impasto e realizzate delle polpettine. Mettete l'olio in padella: non appena sarà caldo, infarinate le polpette e friggetele. Fate dorare bene.

Servite con sugo di pomodoro o accompagnate da un'insalatina.

Antipasti

Livello di difficoltà: **per principianti affamati**

Polpette di pane

Polpette di pane, ovvero un cibo poverissimo ma eccezionale. Quando si accumula un po' di pane raffermo, mi piace prepararle, perche sono super soffici, delicate, gustose. Uno dei cibi preferiti dei miei figli! Per noi sono una tradizione, ogni domenica sera fare le polpette di pane accumulato nel weekend. I bimbi le mangiano cosi, noi aggiungiamo un po' di salsa di pomodoro.

Ingredienti per 4 persone

- 4 fette spesse di pane raffermo
- 5 uova
- latte
- parmigiano
- menta
- olio evo
- sale
- pepe

Preparazione

Ammollate nel latte il pane raffermo. Sbattete le uova, aggiungete il parmigiano grattugiato, il sale, la menta e il pepe. Strizzate il pane, versatelo nelle uova e mescolate bene. Deve risultare un impasto corposo. Scaldate un filo d'olio in padella e formate le polpette con un cucchiaio. Cuocete e servite calde.

Antipasti

> Livello di difficoltà: **facilissime ma ci vuole un po' di tempo!**

Polpette di melanzane

Le polpette di melanzane sono un'alternativa più che valida alle polpette di carne. Sono particolarmente gustose, con quel sapore di mentuccia, addolcito da uva passa e pinoli. Io le amo moltissimo. Le faccio spesso e devo dire che hanno sempre un grande successo. Il mio segreto è il cuore filante di tuma all'interno, ma se non doveste averla, basta una semplice provola. Ricordo, tanti anni fa, un mio caro amico che venne a cena a casa nostra. Feci le polpette di melanzane e fu un grande successo. Non le aveva mai mangiato. A distanza di dieci anni, o forse più, Attilio, che io chiamo Attila, se le ricorda ancora. E per la prossima cena che ha prenotato, me le ha già richieste.

Ingredienti per 4/6 persone

- 4 melanzane
- 1 uovo
- 100 g di pangrattato
- 100 g di pecorino o parmigiano
- mollica di pane
- latte
- menta
- uva passa
- pinoli
- 100 g di tuma/provolone
- sale
- pepe

Preparazione

Cuocete le melanzane in forno a 220 gradi per almeno 40 minuti. Appena pronte, togliete la buccia, schiacciate con la forchetta e lasciate a scolare fino a far perdere l'acqua. Aggiungete uovo, pangrattato, il pane ammollato in un goccio di latte, uva passa, pinoli, pecorino, menta, sale e pepe. Occorre ottenere un impasto omogeneo. Fate riposare un'oretta in frigo. Formate le polpette, mettete un dadino di tuma all'interno e friggete in olio ben caldo. Quindi mettetele in una semplicissima salsa di pomodoro, oppure mangiatele così: sono deliziose anche senza sugo!

Antipasti

Polpette di tonno

Se vai a Favignana, le polpette di tonno sono uno dei piatti protagonisti dei menu di tutti i ristoranti. Sono gustose, un'unione di gusti e sapori davvero speciale. L'uva passa, i pinoli, la menta. Ma non sempre occorre andare nei luoghi dove hanno origine per poterne godere. Vi posso garantire che potete farle anche voi in modo eccellente. Servitele con delle cipolle caramellate o con della salsa di pomodoro.

Livello di difficoltà: **molto facili**

Ingredienti per 4 persone

- 500 g tonno fresco
- 1 uovo
- pangrattato
- caciocavallo
- uva passa
- pinoli
- olio evo
- farina
- menta
- sale
- pepe

Preparazione

Tritate il tonno al coltello, mettetelo in una terrina e aggiungete passolina, pinoli, l'uovo, sale, pepe, caciocavallo, menta e pangrattato. Lavorate l'impasto fino ad avere un composto omogeneo e sodo. Formate le polpette, schiacciatele leggermente e infarinatele. Friggete in olio caldo.

Antipasti

I vostri commenti

«La mia mamma li finisce con un goccio di aceto in cottura... spettacolari! Un must anche in casa nostra, mangiati freddi in estate poi...(in cucina le distanze si accorciano... i miei sono mantovani) 🇮🇹 ♥»

Peperoni alla palermitana

> Livello di difficoltà: **occorre saper usare un coltello!**

Questa ricetta la amo più delle altre, perché la faccio davvero da sempre. Uno di quei piatti senza età, che fanno parte del mio background culinario. Poi è stata una delle prime che, proprio in virtù di questa passione, ho portato subito in tv, quando ancora «Giusina in cucina» era solo nella mente del direttore di Food Network, Gesualdo Vercio che mi chiese di registrare una ricetta semplice che mi piaceva. Solo per fare una prova, nessuna velleità di sorta! Chi viene a mangiare a casa mia, nove volte su dieci trova i peperoni alla palermitana. Ricordo ancora una piacevole serata a casa con degli amici speciali che venivano per la prima volta a cena e, prima di andare via, portarono con loro, per il pranzo dell'indomani, i peperoni rimasti. Loro si imbarazzavano a chiedermelo, io toccavo il cielo con un dito dalla felicità. Ma non vi ho detto ancora la cosa più importante: si mangiano freddi, e più giorni stanno in frigo, più buoni saranno. Garantito! Vi consiglio di prepararli con diverse ore di anticipo.

Ps: Alla fine la ricetta andò in onda nella seconda puntata di «Giusina in Cucina» e fu un grande successo!

Ingredienti per 6 persone

- 4 peperoni (meglio se di colore diverso)
- 3 cipolle
- 100 g di uva passa
- pinoli
- pangrattato
- olio evo
- sale

Preparazione

Tagliate i peperoni a listarelle, posizionandoli in una teglia con carta forno. Aggiungete le cipolle tagliate a fette. Cospargete con uva passa, pinoli e pangrattato. Completate con abbondante olio. Cuocete in forno a 200 gradi per 30-40 minuti.

Antipasti

I vostri commenti

«Li ho cucinati ieri sera, non ho avuto il tempo di fare una foto e condividerla perché sono finiti tutti velocemente... veramente molto buoni... spero di fare qualche altra tua ricetta palermitana.»

Involtini di melanzane

Livello di difficoltà: facili ma meritano attenzione

Involtini di melanzane, ovvero un grande classico, almeno per noi siciliani. È uno dei comfort food per eccellenza, che trova spazio nelle nostre tavole soprattutto nella stagione estiva. Qui ho cercato di rispettare la ricetta della tradizione, ma come sempre potete personalizzarla secondo il vostro gusto. Se volete evitare la frittura, potete anche preparare le melanzane al forno. Non sarà come averle fritte, ma è un buon (discreto!) compromesso.

Ingredienti per 4/6 persone

- 3 melanzane
- 200 g di pangrattato
- 50/60 g di acciughe
- 50 g di pecorino o caciocavallo grattugiato
- 100 g di provolone o tuma
- olio evo
- sale

continua >

Preparazione

Per la salsa di pomodoro: rosolate la cipolla tagliata piccolina con l'olio, aggiungete la polpa di pomodoro, sale, pepe e zucchero, qualche foglia di basilico e fate cuocere una mezz'oretta.

Lavate e affettate le melanzane, cospargetele di sale e ponetele in un colapasta per almeno un'ora per far perdere il liquido di vegetazione. Nel frattempo, abbrustolite il pangrattato in un padellino antiaderente unto d'olio, poi trasferitelo in una terrina. Sciogliete le acciughe in poco olio e mescolateli al pangrattato, aggiungete quindi metà del formaggio grattugiato e amalgamate.

Friggete le melanzane, fate scolare un po' su carta assorbente e distribuite, su ciascuna fetta, il composto preparato, aggiungendo un pezzetto del formaggio

Per la salsa di pomodoro

400 ml di passata di pomodoro

mezza cipolla

1 cucchiaino di zucchero

basilico

olio evo

sale

pepe

scelto. Arrotolateli e disponete gli involtini in una teglia su una base di salsa di pomodoro. Spargetevi sopra il sugo rimasto e spolverizzate con il formaggio avanzato. Gratinate in forno a 200 gradi per una ventina di minuti e servite.

I vostri commenti

«Quando ti ho vista cucinare i piatti che faceva la mia mamma (che non c'è più) mi hai fatto felice...
Grazie adesso li cucino io 😙😙😙»

*Livello di difficoltà: **quasi elementare!***

Involtini di tuma

Questa ricetta è sublime, stuzzicante, golosa e super filante. Io ho un debole per tutto ciò che fila e fonde. Ne vado proprio matta. La tuma è un formaggio stupendo, poco o quasi per nulla salato, il primo stadio del pecorino. È un formaggio che i miei genitori mi hanno abituato a mangiare fin da bambina, e onestamente li ringrazio. Me lo faccio spedire sempre, perché a Milano non lo trovo, ma per fortuna ho scoperto ottime aziende che spediscono ovunque. Da quando lo uso in tv, non passa un giorno senza che sui social i miei amici follower mi chiedano dove poterlo trovare. Perché oramai che l'ho sdoganata, tutti vogliono la tuma!

Ingredienti per 4 persone

- 500 g di tuma
- 50 g di pecorino o caciocavallo grattugiato
- 100 g di pangrattato
- 1 spicchio d'aglio o mezza cipolla
- prezzemolo
- 2 uova
- farina
- olio evo
- sale
- pepe

Preparazione

Mescolate il pangrattato con il pecorino, una presa di sale, l'aglio tritato (o la cipolla) e il prezzemolo tagliuzzato. Affettate la tuma e ammorbidite le fette immergendole per qualche istante in acqua bollente. Poi stendetele su un vassoio e distribuitevi sopra un cucchiaio di panatura. Arrotolate velocemente il formaggio, in modo da ottenere degli involtini, e fissateli eventualmente con stuzzicadenti, poi infarinate leggermente. Passateli quindi nelle uova sbattute e dopo nel composto di pangrattato, quindi friggeteli in abbondante olio caldo. Sgocciolate e servite subito.

Antipasti

> Livello
> di difficoltà:
> **abbastanza
> traficusa**
> (abbastanza
> laboriosa)

Caponata

La caponata è sinonimo di Sicilia. Ogni famiglia ha la propria ricetta. Io seguo quella che ha sempre fatto mia madre, che ancora me la spedisce due volte l'anno nei classici «pacchi da giù». Sì, perché la caponata si può conservare sottovuoto per diversi mesi ed è la soluzione più immediata per un antipasto dell'ultimo minuto. Io la amo follemente!!

Ingredienti per 6 persone

- 3 melanzane
- 2 cipolle bianche
- 100 g di olive verdi denocciolate
- 1 o 2 coste di sedano
- 20 g di capperi
- 200 g di polpa di pomodoro
- 1 cucchiaio di estratto di pomodoro
- 50 g di aceto di vino bianco
- 1 cucchiaio di zucchero (2 se volete un sapore più dolce)
- olio di semi di girasole
- olio evo
- sale grosso

Preparazione

Preparate le melanzane: lavatele e tagliatele a dadini, cospargetele di sale preferibilmente grosso e lasciatele per almeno un'ora a scolare, poi sciacquate bene, asciugate e friggetele in olio di semi di girasole, quindi con della carta assorbente mettetele in un colapasta per far perdere l'olio in eccesso. Tagliate le cipolle, fatele cuocere con un po' d'acqua per almeno un'ora, aggiungete l'olio e fate rosolare con il pomodoro e l'estratto continuando la cottura. In un altro tegame, fate un soffritto veloce con olive, capperi e sedano (se volete il sedano più morbido potete prima sbollentarlo un po'), quindi aggiungeteli nel sugo di pomodoro. Amalgamate bene e unite le melanzane. A parte sciogliete lo zucchero nell'aceto e unitelo alla fine. Servite la caponata fredda e ancora meglio se preparata un giorno prima: con il riposo si insaporirà maggiormente.

Antipasti

I vostri commenti

«Sono felice già solo nel guardare la foto... baci »

Livello di difficoltà: laborioso, ma si può fare!

Timballo di melanzane

Se amate la parmigiana, questa è la ricetta giusta per voi. Ma solo perché è ancora più golosa. È un piatto che strizza l'occhio alla cucina campana e infatti mio marito, da buon napoletano, ama questo timballo super ricco. Lui lo vuole mangiare sempre «riposato» qualche ora dopo la cottura. In effetti, caldissimo perde un po'. L'ideale è farlo la mattina per la sera. Il tocco in più? Trovatelo voi stessi preparandolo..

Ingredienti per 6/8 persone

- 4 melanzane
- 600 ml di salsa di pomodoro
- 1 cipolla
- 3 mozzarelle
- 3 uova
- parmigiano
- basilico
- zucchero
- olio evo
- sale
- pepe

Per friggere
- olio di semi

Preparazione

Tagliate le melanzane a fette e mettetele sotto sale per un'oretta. Preparate il sugo, facendo rosolare prima la cipolla, poi aggiungendo la salsa e aggiustando con sale e un pizzico di zucchero.
Friggete le melanzane e fatele scolare un po' su carta assorbente. In una pirofila, mettete uno strato di salsa di pomodoro, melanzane, parmigiano grattugiato, mozzarella e ripetete fino alla fine. Chiudete con uno strato di mozzarella e parmigiano. Sbattete le uova con un po' di parmigiano e versate il tutto sopra il timballo prima di mettere in forno. Cuocete per una ventina di minuti a 180 gradi nel forno statico. Servire dopo un paio d'ore.

Antipasti

Livello
di facilità...
100

Caciocavallo all'argentiera

Il caciocavallo all'argentiera è un tipico antipasto siciliano che io amo alla follia. Il nome del piatto è legato alle sorti di un argentiere palermitano che viveva in via dell'Argenteria, nel centro storico del capoluogo siciliano. Caduto in disgrazia e non potendosi più permettere cibi costosi e profumatissimi, pensò di iniziare a cucinare il formaggio, nel tentativo di mascherare la sua situazione di perduta agiatezza. Il profumo del cacio all'argentiera era talmente sublime che i vicini non potevano proprio pensare male. Ve lo consiglio come antipasto... ne rimarrete stregati.

Ingredienti per 4 persone

- 6 fette di caciocavallo fresco
- mezzo bicchiere di aceto bianco
- 2 spicchi d'aglio
- origano
- olio evo
- pepe

Preparazione

Tagliate il formaggio in fette belle spesse. Mettete in padella l'aglio con l'olio. Appena l'olio si sarà insaporito, togliete l'aglio, quindi mettete le fette di caciocavallo e lasciate cuocere a fiamma moderata, girando un paio di volte. Quando il formaggio sarà un po' sciolto, versate l'aceto, aggiungete il pepe e l'origano *et voilà*! Pronti per mangiarlo, caldo e filante!

Livello di difficoltà: pulire i carciofi!

Carciofi a viddanedda

A casa mia, quando ancora era viva mia nonna Liberata, grande amante dei carciofi, questa ricetta era praticamente una costante. Durante la primavera, la stagione giusta, avere un pentolino sempre colmo di carciofi «a viddanedda» era come avere sempre del pane fresco. Non mancavano mai. Avendo origini a Cerda, un comune delle Madonie, in provincia di Palermo, dove il carciofo è il re dell'economia, mia madre ce li proponeva in tutte le salse. Ma alla villanella era sempre il modo preferito di mangiarli. E, crescendo, è stato sempre così. Adoro quel gusto unico del carciofo, insieme a quei pochissimi altri ingredienti. Un piatto del popolo, dei contadini, dei villani. Un piatto povero, ma buonissimo.

Ingredienti per 4 persone

- 8 carciofi
- un mazzetto di prezzemolo
- 100 g di pangrattato
- 10 acciughe
- primosale o tuma a dadini o provola
- 2 spicchi d'aglio
- olio evo
- sale
- pepe

Preparazione

Lavate i carciofi e privateli delle foglie più dure e dei gambi. Batteteli un po' e allargateli cercando di eliminare la «barbetta» all'interno. Mettete in acqua e limone. Tostate il pangrattato, aggiungete il prezzemolo tritato, aglio a pezzettini, acciughe e un pizzico di sale. Riempite i carciofi con il composto ottenuto e aggiungete i dadini di formaggio. Disponete i carciofi in piedi in un tegame con acqua e olio e cuocete con coperchio a fiamma leggera per almeno 30/40 minuti. Cuocete anche i gambi. Aggiungete un filo d'olio e servite.

Antipasti

Panelle

Livello di difficoltà: medio... magari però vi riescono al primo colpo!

La panella è sinonimo di Palermo. È tra i cibi più iconici della nostra amata Sicilia. Un pasto povero ma ricchissimo, ricco di storia, di sapori e di cultura. Le prime panelle «ante litteram» le fecero i romani e i greci. Furono probabilmente poi gli Angioini nel Medioevo a fare la panella così come la mangiamo oggi. Un piatto che, nonostante la sua semplicità, era amatissimo nei banchetti di corte.

A Palermo in diversi angoli delle strade si trovano i «panellari» che vendono il classico panino panelle e cazzilli... Una vera esplosione di bontà. Mi raccomando, non buttate via nulla. Ciò che resta attaccato alla pentola si raccoglie, si fa a forma di crocchetta e si frigge, dando vita alla meravigliosa «rascatura». Mangiatela «nature», se volete con un goccino di limone su, oppure in mezzo a un panino, insieme ai cugini «cazzilli».

Ingredienti per 6/8 persone

- 250 g di farina di ceci
- 750 g di acqua
- prezzemolo
- olio di semi di girasole
- sale

Preparazione

Mettete metà dell'acqua in una pentola antiaderente, quindi con un setaccio aggiungete la farina e mescolate con una frusta, per evitare grumi (potete aiutarvi con un mixer, se avete difficoltà). Aggiungete il resto dell'acqua e continuate a mescolare fino a raggiungere un impasto corposo e senza grumi. Aggiustate con un po' di sale e prezzemolo tritato, quindi trasferite subito l'impasto in una teglia unta d'olio, spianate e livellate e fate freddare un po'. Se volete, fate anche un passaggio in frigo. Appena siete pronti per friggere le panelle, tagliatele nella forma che preferite e cuocetele in olio di semi ben caldo.

Antipasti

Cazzilli

> Livello di difficoltà: molto basso. Ma occhio a scegliere bene le patate!

Cazzilli (qualcuno le chiama crocchè), ovvero un altro simbolo della palermitanità. In coppia con le cugine panelle, sono il ripieno ideale del famoso panino panelle e cazzilli. Si possono mangiare da sole come antipasto, servite nel classico coppo. L'importante, per la riuscita ottimale del piatto, è utilizzare la patata rossa o patata vecchia. Se non usate questa tipologia, sarà un vero peccato... si scioglieranno nell'olio bollente. Vi ho avvisati...

Ps: Qualcuno, per essere sicuri che non si sfaldino, aggiunge un paio di cucchiai di amido. Io non amo questa procedura. Ma se volete, fatelo. Per stavolta, chiudo un occhio!

Ingredienti per 6 persone

- 4 patate rosse
- prezzemolo
- olio di semi di girasole
- sale

Preparazione

Fate bollire le patate, quindi schiacciatele, aggiustate di sale e aggiungete il prezzemolo tritato.

Date la forma ovale a ogni «cazzillo» e mettete in frigo. Fate riposare almeno due ore (di più sì, di meno no). Scaldate l'olio: deve essere bollente e abbastanza da coprirli tutti. Cuocete un po' per volta per non rischiare, inserendone tanti, di raffreddare la temperatura dell'olio. Tenete in cottura pochi secondi, il tempo della doratura.

Antipasti

Capitolo 2

Primi

I vostri commenti

«Mi viene l'acquolina in bocca solo vedendo il piatto, figurati se solo potessi sentirne il profumo 😊 🥰»

Spaghettoni pesto di pistacchi e gamberoni

Livello di difficoltà: assente!

Questo è un piatto delizioso. L'ho mangiato spesso in alcuni ristoranti e ovviamente l'ho replicato subito, secondo la mia sensazione e i miei gusti. Adoro i gamberoni, non mi stancano mai, l'accostamento con il pesto di pistacchi è perfetto. Un'esplosione di delicatezza e sapori. Un viaggio sensoriale verso l'estate. Ma anche se lo mangiate in pieno inverno, secondo me non cambia molto: è un'estasi culinaria di altissimo livello.

Ingredienti per 4 persone

- 300 g di spaghettoni
- 100 g di pesto di pistacchi
- 1 manciata di pistacchi tritati
- 1 cipollotto
- 5/6 pomodorini
- 500 g di gamberoni
- latte
- 1 bicchiere di vino bianco
- olio evo

Preparazione

Pulite i gamberi eliminando testa, coda e intestino. Lasciate qualche gambero intero per decorare il piatto. Cuocete la pasta. Nel frattempo scaldate in una padella un filo d'olio, aggiungete il cipollotto e i pomodorini e lasciate cuocere per circa un minuto i gamberoni; dopo poco sfumate con il vino. Aggiungete in padella il pesto di pistacchi e lasciate che si sciolga, poi unite uno o due mestoli di acqua di cottura per rendere il tutto più cremoso e meno asciutto. Io ho aggiunto anche un po' di latte. Scolate la pasta e aggiungetela in padella insieme ai gamberoni e al pesto di pistacchi, fate amalgamare bene il tutto e, se necessario, aggiungete altra acqua di cottura. Impiattate e decorate con i gamberoni e il trito di pistacchi.

Primi

Livello di difficoltà: **far fuoriuscire il nero dalle sacche!**

Spaghetti al nero di seppia

Gli spaghetti al nero di seppia sono uno dei primi piatti che non possono mancare sulla tavola dei siciliani. Li si fa in casa molto volentieri, perché sono semplici da preparare. L'unica criticità è la possibilità di sporcarsi con il nero. Ma vale la pena rischiare, perché è di una bontà assoluta. Provate a farla, ne sarete orgogliosi. Munitevi di guantini…

Ingredienti per 4 persone

- **300 g di spaghetti**
- **300 g di polpa di pomodoro**
- **2 seppie (con le loro sacche)**
- **1 spicchio d'aglio**
- **mezza cipolla**
- **mezzo bicchiere di vino bianco**
- **prezzemolo**
- **peperoncino**
- **olio evo**
- **sale**

Preparazione

Dopo aver pulito bene le seppie, tenete da parte le sacche che contengono il nero. Tagliate la seppia a strisce sottili. Preparate un soffritto con con l'aglio e un trito di cipolla e aggiungete la seppia. Fate rosolare per qualche minuto, aggiustate di sale e sfumate con il vino. Unite quindi la polpa di pomodoro e cuocete per 15/20 minuti. Quando il sugo si sarà ristretto, aggiungete con attenzione il nero delle seppie, incidendo con cura le sacche. Amalgamate bene e fate cuocere ancora per pochi minuti; finite aggiungendo il prezzemolo e un pizzico di peperoncino. Cuocete la pasta e, appena pronta, versatela in padella con il condimento. Servite con un trito di prezzemolo fresco.

I vostri commenti

«Grazie a te sto imparando ricette della tradizione che non conoscevo. Poi hai il grande pregio di spiegarle con semplicità, rendendole alla portata di tutti. Peccato solo che qui al sud della provincia di Siena non ho facilità a reperire alcuni ingredienti. 😘»

> Livello di difficoltà:
> **molto *traficusa***
> (molto laboriosa)

Anelletti al forno

Gli anelletti al forno sono considerati a pieno titolo i protagonisti della tavola della domenica o delle feste. Quando c'è qualcosa da festeggiare, in Sicilia si fa la pasta al forno, che sfida a buon diritto qualsiasi altra preparazione gourmet. Molti di voi mi hanno detto che è difficile trovare gli anelletti: è vero. Al di fuori della Sicilia è molto poco probabile che li troviate sugli scaffali di un supermercato, ma online vi giuro che ci sono. Io li compro lì quando finiscono le scorte che mi invia la mia mamma. È una pasta molto ricca, potete farla come volete, aggiungere o togliere il condimento che vi piace o vi piace meno. Io seguo la ricetta tradizionale della mia famiglia. Da noi si fanno e si portano pure in spiaggia. È il pranzo preferito dei bambini e dei ragazzi dopo aver giocato in acqua.

Ingredienti per 6/8 persone

Per il ragù

600 g di trito di maiale e bovino

150 g di piselli surgelati

100 g di concentrato di pomodoro

700 ml di passata di pomodoro

1 bicchiere di vino rosso

1 cipolla bianca

1 carota

1 pezzetto di sedano

Preparazione

Iniziate dalla preparazione del ragù. Fate il soffritto con cipolla, carote e sedano, lasciate appassire, poi aggiungete la carne trita e insaporite con sale e pepe; coprite e lasciate cuocere per circa 10 minuti, infine sfumate con il vino rosso. A questo punto aggiungete i piselli, il concentrato e la passata di pomodoro, un litro circa di acqua, aggiungete un cucchiaio di zucchero e lasciate cuocere per circa un'oretta a fiamma bassa. Coprite con un coperchio, lasciandolo leggermente aperto con l'aiuto di un cucchiaio di legno. Rigirate

continua >

1 cucchiaio di zucchero

olio evo

sale

pepe

Per la pasta

500 g di anelletti

1 melanzana

2 uova sode

200 g di caciocavallo o tuma fresca o primosale o provola

200 g di salumi vari a dadini (prosciutto e salame)

parmigiano

pangrattato

ogni tanto, se vi accorgete che è diventato troppo denso aggiungete piano piano altra acqua. Trascorso il tempo di cottura fate raggiungere la densità desiderata al sugo: io lo faccio più asciutto che liquido. Spegnete, aggiustate di sale e di pepe.

Tagliate la melanzana, cospargetela con il sale, fatela scolare bene, poi asciugate e friggete. Io le taglio a pezzetti, ma se preferite potete farle a fette. Mettete a cuocere la pasta, che dovrà essere scolata a metà cottura per evitare che poi, passando in forno, scuocia del tutto. Appena la pasta è pronta, conditela con il ragù e il resto degli ingredienti e disponetela nella teglia, sulla cui base avrete cosparso dell'olio con il pangrattato. Io preferisco mischiare insieme tutti gli ingredienti, quindi aggiungete salumi, primosale, parmigiano, uova sode tagliate a fette e mescolate bene. Se preferite potete fare invece uno strato di pasta, poi il condimento, quindi chiudere con un altro strato di pasta. Dopo aver posizionato tutto nella teglia, cospargete di pangrattato e parmigiano grattugiato, o caciocavallo se preferite, e infornate per almeno mezz'ora in forno statico a 180 gradi. Io ripasso al grill negli ultimi minuti per far fare la crosticina.

I vostri commenti

«La farò sicuramente perché è impossibile resistere al canto d'amore dei tuoi piatti! 👏🏻👏🏻»

> Livello di facilità:
> **altissimo**
> Livello di bontà:
> **enorme**

Pasta c'anciova

Quanto amore c'è dentro questa pasta. Un piatto poverissimo ma ricco allo stesso tempo. E non di ingredienti, ma di grandi significati con radici antiche. I nostri antenati, nel momento doloroso di lasciare la loro amata Sicilia per cercare fortuna al Nord, si portavano, in valigia ingredienti a lunga conservazione. E così, chiudendo gli occhi, si sentivano a casa. Quando ho scoperto questa storia, mi sono commossa. Proprio per questo si chiama anche «'a milanisa», con riferimento alle migliaia di persone emigrate «in Continente» che la mangiavano nei giorni di festa per sentirsi vicini alle proprie radici, anche solo con un piatto di pasta.

Ingredienti per 4 persone

- 300 g di bucatini
- 150 g di concentrato di pomodoro
- 50 g di acciughe salate
- mezza cipolla
- 1 spicchio d'aglio
- uva passa
- pinoli q.b.
- pangrattato
- olio evo
- sale
- pepe

Preparazione

Soffriggete la cipolla tritata finemente in una padella con l'olio, quindi unite l'aglio leggermente schiacciato e i filetti di acciuga. Aggiungete il concentrato di pomodoro, un bicchiere di acqua calda e mescolate. Mettete l'uva passa, precedentemente ammollata in acqua, e i pinoli. Salate (poco) e aggiungete un po' di pepe, poi cuocete per circa 15 minuti, fino a quando il sugo sarà abbastanza denso. Nel frattempo preparate la *muddica atturrata* (pangrattato tostato): versate un po' d'olio in padella, unite il pangrattato e lasciatelo dorare sul fuoco. Lessate la pasta in abbondante acqua salata; appena pronta, maneggiate in padella con il condimento. Servite con abbondante *muddica atturrata*.

Pasta con le sarde

Livello di difficoltà: inesistente

La pasta con le sarde è un piatto povero, uno di quelli che vede l'utilizzo di pochi, ma estremamente saporiti ingredienti, che lo rendono unico. Spesso è chiamata anche «pasta ca' munnizza» in quanto le sarde un tempo venivano utilizzate o come esca per pescare o, addirittura, ributtate in mare perché pescate solo per sbaglio. Io trovo che sia un piatto di grandissimo valore. Lo amo molto. Io aggiungo un tocco personale, le mandorle: replicatelo, se vi fa piacere. Altrimenti basta solo una bella abbondante manciata di «muddica atturrata».

Ingredienti per 4 persone

300 g di bucatini

600 g di sarde

1 mazzetto di finocchietto selvatico

1 bustina di zafferano

1 manciata di uva passa

1 manciata di pinoli

10 acciughe

1 cipolla

1 bicchiere di vino bianco

mandorle a lamelle q.b.

pangrattato

olio evo

sale

pepe

Preparazione

Pulite bene le sarde, diliscatele, sciacquatele e spezzettatele grossolanamente. Lavate i finocchietti e lessateli per pochi minuti in abbondante acqua bollente. Scolateli e tagliateli a pezzettini. Tenete da parte il liquido di cottura, dove cuocerete la pasta. Fate un trito di cipolla, rosolate con olio, aggiungete le acciughe, i pinoli, il finocchietto, l'uva passa e le sarde e mescolate lasciando insaporire. Aggiungete, se volete, anche un cucchiaio di estratto di pomodoro. Sfumate con un po' di vino bianco, poi dopo che è evaporato versate un mestolo di acqua di cottura del finocchietto, in cui avrete disciolto lo zafferano. Fate cuocere una decina di minuti. Lessate la pasta, scolatela e maneggiate in padella. Servite con *muddica atturrata* (pangrattato tostato) e mandorle a lamelle.

Pasta con i broccoli arriminati

Livello di facilità: alto

Avete presente un grande classico? Immagino che ognuno di voi abbia in cucina un grande classico. Questo è uno dei nostri. La pasta con i broccoli «arriminati» detta anche, nella forma più italiana, pasta con i broccoli in tegame: è uno di quei piatti facilissimi ma buonissimi. Un primo che mette d'accordo tutti e che si può mangiare sempre. Un evergreen che non stanca. Attenzione, però: per noi il broccolo è il cavolfiore, quindi comprate l'ortaggio giusto. Se volete farla ancora più golosa, ripassatela in forno con del formaggio. Io aggiungo provola o tuma.

Ingredienti per 4 persone

- 300 g di bucatini
- 1 kg di broccolo (cavolfiore)
- 50 g di uva passa
- 50 g di pinoli
- 10 acciughe
- 1 cucchiaio di estratto di pomodoro
- 1 bustina di zafferano
- mezza cipolla bianca
- pangrattato
- olio evo
- pepe

Preparazione

Lessate il broccolo e toglietelo dall'acqua, che conserveremo per cucinare la pasta. In un padellino fate tostare il pangrattato con un po' d'olio.
In una padella ampia, fate un soffritto di cipolla, aggiungete le acciughe fino a farle sciogliere, uva passa e pinoli, quindi l'estratto di pomodoro. Aggiungete nella padella il broccolo lessato schiacciando un po'. Fate amalgamare bene con il condimento, quindi aggiungete lo zafferano che avrete disciolto prima nell'acqua. Appena la pasta è pronta, mantecate tutto in padella. Io ho aggiunto il parmigiano (potete ometterlo) e un po' d'olio, quindi spolverate con abbondante *muddica atturrata*.

Arancine

> Livello di difficoltà: medio. Non sono difficili ma occorre prenderci la mano

Le arancine sono tra le espressioni più alte della gastronomia palermitana. Rigorosamente «femmine», sono diventate negli anni un po' il simbolo della città di Palermo. Si fanno in tutta la Sicilia, anche se nella parte orientale dell'Isola le chiamano al maschile, per via della forma allungata. La tradizione da noi le vuole principalmente in due gusti, al burro e alla carne. Ma siccome in cucina non ci sono dogmi, adesso si fanno in svariati modi, secondo il proprio gusto e la propria fantasia. Non mi soffermo più di tanto sulla diatriba femmina/maschio, perché non ha molto senso. Esiste sia l'arancina sia l'arancino. Sono due cose a mio avviso diverse, ma eccezionali in egual modo.

Ingredienti per 10 arancine

Per il risotto
300 g di riso
brodo vegetale
1 bustina di zafferano
50 g di burro
parmigiano
mezza cipolla

Arancine al burro
Per la besciamella
500 ml di latte
50 g di farina
50 g di burro
noce moscata

Preparazione

Fate un soffritto di olio evo con la cipolla tritata finemente, quindi tostate il riso e cuocetelo aggiungendo di volta in volta il brodo, e concludete con lo zafferano disciolto in un po' d'acqua di cottura. Mantecate con burro e parmigiano. Dovrà risultare come il classico risotto alla milanese. Fate freddare.

Per la besciamella, mettete sul fuoco il burro con la farina in modo da creare il roux, aggiungete il latte, sale, pepe e noce moscata e mescolate fino a ottenere la crema. Appena si è raffreddata la besciamella, aggiungete la mozzarella a dadini e il prosciutto.

continua >

sale

pepe

Per il condimento

200 g di mozzarella

80 g di prosciutto a cubetti

Arancina alla carne

Per il ragù

300 g di trito di manzo (o anche metà manzo e metà maiale)

150 g di pisellini

trito di cipolla, carote, sedano

200 ml di salsa di pomodoro

1 bicchiere di vino rosso

sale

pepe

Per la panatura

acqua

farina

pangrattato

Per friggere

1 l di olio di semi di girasole

Per il ragù

Fate il soffritto con cipolla, sedano e carote, aggiungete la carne trita, sfumate con il vino e fate rosolare bene. Aggiungete i pisellini, la salsa di pomodoro e fate cuocere per un'oretta a fuoco moderato. Deve risultare molto stretto.

Prendete una parte di riso, sistematelo nella mano facendo una sorta di base, mettete il condimento al centro (la besciamella oppure il ragù) e chiudete con altro riso, dando una forma tonda.
Passate in una una pastella di farina e acqua abbastanza corposa, quindi nel pangrattato.
Friggete in olio ben caldo.

P.s. Se avete tempo, dopo aver panato le arancine fatele riposare un po' in frigo.

I vostri commenti

«Ottimi!!! Non vedo l'ora di cucinarli ❤️ ✌️
Una volta li provai a Messina, quel sapore non l'ho più ritrovato in nessun posto. Con i tuoi – sicuramente – lo ritrovo. 😊 💪»

> Livello di difficoltà: **un po' laborioso**

Sformato di riso (arancina scomposta)

Quando decidi di fare qualcosa che serve per svuotare il frigo e si traduce in un grande successo a tavola, devi condividerlo. Assolutamente. Avevo da smaltire del ragù e della besciamella, due ingredienti fondamentali per realizzare, come sapete, le arancine al burro e alla carne. Non avevo nessuna voglia di friggere, quindi mi sono ingegnata... Ho fatto un semplicissimo risotto allo zafferano, che per magia si è trasformato in uno sformato di riso davvero meraviglioso. Una sorta di arancina al burro e alla carne insieme, però aperta o, come dicono gli chef, quelli veri, scomposta. E poi al forno. Insomma, una vera goduria.

Ingredienti per 6 persone

Per il risotto

300 g di riso

parmigiano

50 g di burro

brodo vegetale

1 bustina di zafferano

mezza cipolla

Per la besciamella

500 ml di latte

50 g di farina

50 g di burro

noce moscata

sale

pepe

continua >

Preparazione

Fate un soffritto di olio evo con la cipolla tritata finemente, quindi tostate il riso e cuocetelo aggiungendo di volta in volta il brodo, e concludete con lo zafferano disciolto in un po' d'acqua di cottura. Mantecate con burro e parmigiano grattugiato. Dovrà risultare come il classico risotto alla milanese. Fate freddare.

Per la besciamella

Mettete sul fuoco il burro con la farina, mescolando energicamente, e aggiungete latte, sale, pepe e noce moscata. Mescolate fino a ottenere la crema.

200 g di mozzarella (da mettere tra uno strato di riso e l'altro)

Per il ragù

300 g di trito di manzo (o anche metà manzo e metà maiale)

150 g di pisellini

trito di cipolla, carote, sedano

1 bicchiere di vino rosso

400 g di salsa di pomodoro

sale

pepe

Per il ragù

Fate il soffritto con cipolla, sedano e carote, aggiungete la carne trita, sfumate con il vino e fate rosolare bene. Aggiungete i pisellini, la salsa di pomodoro e fate cuocere per un'oretta a fuoco moderato.
Unite ragù e besciamella, in modo da fare una salsa sola. Mantecate il riso con la metà del composto. Stendete uno strato in teglia, aggiungete mozzarella e parmigiano e un altro po' della salsa. Chiudete con altro riso e stendete il resto del sugo, infine cospargete con abbondante parmigiano. Infornate per 15/20 minuti in forno statico a 180 gradi.

Livello di facilità: **alto**

Pasta con le sarde a mare

La pasta con le sarde a mare è una variante della pasta con le sarde, un pilastro della tradizione gastronomica palermitana. Mancano solo le sarde, perché sono rimaste... a mare! È una pasta in cui predomina il sapore del finocchietto di montagna, ingrediente insostituibile per questo primo piatto davvero delizioso e semplicissimo da preparare. È un piatto che ha radici antiche, lo preparavano le famiglie meno abbienti che, non potendo avere le sarde fresche, utilizzavano quelle sotto sale. Ma alla fine questi piatti, proprio per la loro semplicità, sono i miei preferiti. E non solo i miei!

Ingredienti per 4 persone

- 300 g di bucatini
- 2 cucchiai di estratto di pomodoro
- 1 cipolla
- 20 g di acciughe
- 20 g di uva passa e pinoli
- 1 mazzetto di finocchietti di montagna
- pangrattato
- 1 bustina di zafferano
- olio evo
- sale

Preparazione

Sbollentate i finocchietti per una decina di minuti. In una padella fate un soffritto con la cipolla e l'olio, quindi aggiungete le acciughe, l'uva passa e i pinoli; fate amalgamare e aggiungete il finocchietto, già lessato, tagliato a pezzettini. Aggiungete l'estratto di pomodoro. Sciogliete la bustina di zafferano con un cucchiaio di acqua di cottura e unirlo al condimento. In un padellino fate tostare il pangrattato con un cucchiaino d'olio e un pizzico di sale. Cuocete i bucatini per 10 minuti, quindi maneggiate in padella, aggiungendo la *muddica atturrata*.

> Livello di difficoltà: **pulire i carciofi!**

Pasta Trinacria

Uno dei piatti che mia madre ci proponeva più spesso durante la stagione dei carciofi era proprio questo. La pasta Trinacria è un modo semplice, sano e gustoso di mangiarli i carciofi. Inutile dirvi che il valore aggiunto è la «muddica atturrata» che, insieme al pomodoro, ai carciofi e al prezzemolo crea un'esplosione di sapori al palato, davvero unica. Vi consiglio di provare... è una pasta formidabile.

Ingredienti per 4 persone

300 g di pennette rigate

6 carciofi

1 cipolla

1 bicchiere di vino bianco

400 g di pomodori pelati

pangrattato

prezzemolo

olio evo

sale

pepe

Preparazione

Per prima cosa pulite i carciofi, privandoli delle foglie più dure, e tagliateli a listarelle. Rosolate in padella la cipolla con un po' di olio e i carciofi e sfumate con il vino. Aggiungete quindi i pomodori pelati e cuocete per una ventina di minuti, aggiustando di sale e pepe. A parte, *atturrate* il pangrattato, mettendo un filo d'olio in padella e un pizzico di sale.

Cuocete la pasta, maneggiate in padella con il condimento e servite con *muddica atturrata* e prezzemolo fresco.

Primi

I vostri commenti

«Buona... mi ricorda tanto
la mia nonnina ❤ ❤»

> Livello di difficoltà:
> **trovare i tenerumi!**

Pasta con i tenerumi

Il mio piatto preferito nella vita? Pasta con i tenerumi, la nostra pasta dell'estate per eccellenza. Una minestra in estate? Sì, giuro. È buonissima anche con 40 gradi all'ombra. Mi raccomando, ordinate i tenerumi al vostro fruttivendolo. E se non sa cosa sono, chiedete delle zucchine lunghe o «a serpente». I tenerumi sono le foglie di questo bellissimo ortaggio, che purtroppo molti scartano. E invece sono meravigliosi!

Ingredienti per 4 persone

300 g di spaghetti

1 kg di tenerumi

2 barattoli di pelati o 5 pomodori freschi

1 cucchiaio di estratto di pomodoro

1 spicchio d'aglio

ricotta salata q.b.

olio evo

sale

pepe

Preparazione

I tenerumi sono la «parte tenera» della pianta delle zucchine lunghe. Ricavate solo le foglie ed eliminate i gambi. Portate a bollore una pentola d'acqua salata, quindi immergete le foglie dei tenerumi e lasciate bollire per circa 15 minuti. Una volta cotti, prelevateli, lasciando l'acqua nella pentola: la userete per cuocere la pasta. Tritate i tenerumi con il coltello.

Nel frattempo, fate soffriggere l'aglio in padella con un filo d'olio. Unite i pomodori pelati a pezzetti e il concentrato di pomodoro. Lasciate cuocere il tempo necessario, quindi unite i tenerumi tagliati a pezzetti e lasciate insaporire.

Spezzate gli spaghetti con le mani e cuoceteli nell'acqua dei tenerumi. Scolateli e saltateli in padella con il condimento. Servite: va bene sia asciutta sia con un mestolo di acqua di cottura della pasta, a minestra. Spolverate con ricotta salata.

Primi

I vostri commenti

«Ciao... io sono di Favignana e credo proprio che tu abbia mangiato nella spaghetteria dove lavoro. Cavolo ti sei molto avvicinata e devo dire che il risultato è SUPER... immagino il sapore 😋 ti aspetto per farti provare altre prelibatezze 😗😋»

> Livello di facilità: **estremo**

Pasta di Favignana

Questa pasta è per me un appuntamento irrinunciabile ogni volta che vado a Favignana. È stato amore a prima vista. Ho cercato di replicarla, secondo quello che il mio palato ha capito. Ma devo dire che è una bomba, e mi perdonerà lo chef del ristorante dove l'ho mangiata la prima volta, se ho omesso o sbagliato qualcosa. Sono andata, come si usa dire... a sentimento. Provatela. Non potrà non piacervi!

Ingredienti per 4 persone

- 300 g di spaghetti
- 2 zucchine
- mezza cipolla
- provolone dolce
- menta
- mandorle tritate
- pane raffermo
- parmigiano
- olio evo
- sale

Preparazione

Fate un soffritto di cipolla (potete anche usare l'aglio, ci sta benissimo) e appena dopo aggiungete le zucchine, tagliate con la mandolina a fette molto sottili. Cuocetele per pochi minuti, quindi aggiungete delle lamelle di provolone dolce e menta abbondante. Fate un trito grossolano di pane raffermo, che farete tostare con un po' d'olio e parmigiano. Cuocete la pasta, scolatela al dente e mantecate in padella. Servite aggiungendo il pane tritato, altra provola grattugiata e mandorle tritate.

Primi

I vostri commenti

«Fantastica. Paladina della nostra
meravigliosa tradizione culinaria.
Non sono ricette,
sono storia e cultura.»

Tagano di Aragona

Livello di difficoltà: media. Molto laboriosa

Il tagano –o tiano– di Aragona è un pasticcio di pasta al forno molto goloso, tipico di Aragona, una cittadina in provincia di Agrigento. Le massaie un tempo lo preparavano per portarlo alla scampagnata di Pasquetta. È molto ricco, ci vanno tante uova (alcune ricette ne contengono anche il doppio rispetto alle mie), ma ha davvero un gusto unico, speziato e super saporito. Per cuocerlo, se ce l'avete, usate uno stampo di terracotta. Questa ricetta è una mia interpretazione di quella originale che prevede davvero molte più uova, ma vi posso garantire che il risultato è straordinario anche con queste dosi!

Ingredienti per 6 persone

- 500 g di rigatoni
- 500 g di tuma
- 8 uova
- 400 g di trito di vitello e maiale
- 100 g di pecorino grattugiato
- 50 g di parmigiano
- 1 bicchiere di vino bianco
- 200 ml di brodo di verdure
- 1 bustina di zafferano
- mezzo cucchiaino di cannella
- prezzemolo

Preparazione

Rosolate la carne trita con la cipolla e l'olio, quindi sfumate con il vino bianco, aggiungete un bicchiere di brodo e fate cuocere per qualche minuto fino a quando non si sarà ristretto. Unite la cannella e lo zafferano, sale e pepe. Sbattete le uova, se volete allungate con un po' di latte, unite il pecorino, il prezzemolo, il pepe e lo zafferano. Cuocete per 5 minuti la pasta. Appena pronta, mescolate con una buona dose di burro, aggiungete il parmigiano e un mestolo delle uova sbattute.

Ungete la teglia di terracotta con olio o burro e cospargetela di pangrattato. Formate un primo strato di pasta, quindi ricopritelo con fette di tuma, uno strato di uova, quindi un altro strato di trita di car-

continua >

Primi

30 g di burro
latte
cipolla
pangrattato
olio evo
sale
pepe

ne e ancora uova. Continuate fino a ultimare gli ingredienti: l'ultimo strato dovrà essere composto dalla tuma.
Completate con l'uovo rimasto.
Preriscaldate il forno a 200 gradi e infornate per 40 minuti. La superficie dovrà risultare ben compatta e asciutta. Mettete 'u taganu a riposare per qualche minuto, quindi capovolgetelo su di un piatto da portata e servite.

> Livello di difficoltà: **friggere le melanzane, soprattutto in estate!**

Pasta alla Norma

Se vai a Catania non puoi non provare, in qualsiasi ristorante, la pasta alla Norma. È il piatto iconico della città alle pendici dell'Etna, considerata davvero la regina della cucina siciliana. Pensate che è stata istituita persino la giornata nazionale della Pasta alla Norma, che cade il 23 settembre. Un piatto super equilibrato nel gusto, molto saporito, direi speciale. Credo che almeno una volta nella vita qualcuno di voi lo abbia già provato. Farlo a casa è un gioco da ragazzi.

Ingredienti per 4 persone

- **300 g di rigatoni**
- **1 kg di pomodori maturi per salsa**
- **2 melanzane**
- **1 spicchio d'aglio**
- **basilico**
- **zucchero**
- **olio evo**
- **sale**
- **pepe**
- **ricotta salata**

Per friggere
- **olio di semi**

Preparazione

Sbollentate i pomodori, quindi privateli della buccia, dei semi e tagliateli grossolanamente, poi metteteli in padella con un filo d'olio e l'aglio. Unite il basilico, il sale e un po' di pepe, un pizzico di zucchero e lasciate cuocere a fiamma dolce per almeno 30/40 minuti.

Sciacquate le melanzane, tagliatele a dadini, qualche fetta lasciatela intera. Mettete in un colapasta e cospargete di sale, facendo riposare per almeno un'ora.

Sciacquate ad asciugate, quindi friggete in olio di semi. Lessate la pasta; a cottura ultimata maneggiate nel sugo, aggiungete le melanzane a tocchetti, il basilico e la ricotta a scaglie. Servite con le fette di melanzane intere.

Primi

Capitolo 3

Secondi

I vostri commenti

«Ragazziiii... io sto per farlaaa...
Proviamola! Che meraviglia già sento
il profumooo. Grazie per le idee.
La sera a tavola oramai mio marito:
che prepara Giusina?? 😂😂😂»

Livello di facilità: **estremo**

Frittata di ricotta

Questa è la classica ricetta facilissima, ma che regala enormi soddisfazioni. Non stupitevi per la grande quantità di ricotta utilizzata, perché è lei la protagonista. In Sicilia, come molti di voi sanno, la ricotta di pecora è molto amata. La usiamo più di quella vaccina, il suo sapore deciso dona sempre ai piatti, siano essi dolci o salati, una grande dose di gusto che fa la differenza. Ammetto che fino a qualche anno fa la mangiavo solo in versione crema dolce. Ma, per fortuna, crescendo ci si redime...

Ingredienti per 4 persone

800 g di ricotta di pecora

6 uova

20 ml di latte

100 g di parmigiano o caciocavallo

1 pizzico di farina

menta

sale

pepe

Preparazione

Prendete la ricotta e schiacciatela con una forchetta, aggiungendo sale e pepe. Unite il parmigiano o il caciocavallo, la farina e la menta. A parte sbattete le uova condite con sale e pepe. Unite le uova alla ricotta, quindi versate il contenuto in una padella con un filo d'olio. Cuocete da entrambi i lati.

Livello di difficoltà: **non pervenuto**

Fettina panata

La fettina panata alla palermitana è il nostro orgoglio. La si mangia a casa, ma anche al ristorante. Possiamo definirla la cugina light della cotoletta alla milanese, perché qui non si frigge nell'olio e nel burro, ma si può fare alla piastra, al barbecue o in padella, anche solo con un filo d'olio oppure senza. La panatura mi piace bella corposa e saporita. Per noi la fettina panata è proprio un piatto che non manca mai. È tenera e deliziosa. Insomma, è più bello andare a prepararla subito che continuare a leggermi!

Ingredienti per 4 persone

- 600 g di fettine di vitello
- 200 g di pangrattato tritato grossolanamente
- 100 g di pecorino o caciocavallo
- prezzemolo tritato
- menta tritata
- olio evo
- sale

Preparazione

Battete le fette di carne con un batticarne, se occorre, per sfibrarle e renderle più morbide. Passate la carne in olio d'oliva. Nel frattempo, preparate del pane tritato grossolanamente, aggiungendo pecorino grattugiato, prezzemolo e menta. Panate quindi le bistecche nel pangrattato avendo cura di farlo aderire bene. Scaldate una padella e ponetevi le bistecche. Se volete potete aggiungere un goccio d'olio. Servite con limone, se vi piace.

Secondi

I vostri commenti

«Sono 5 anni che non posso *scinniri* e ho voglia di involtini così me li faccio. Grazie Giusina, sei fantastica 😘😘»

Involtini alla palermitana con patate sabbiate

> Livello di difficoltà: **avvolgere gli involtini**

Gli involtini di carne sono una delizia. Con qualsiasi ripieno, sono una goduria. Quelli alla palermitana sono proprio un classicone della nostra cultura gastronomica. La loro «morte» è alla brace, ma anche al forno e in padella sono fantastici. La macelleria dove si serve mia madre, pensate, ha una vetrina interamente dedicata ad almeno venti tipi diversi di involtini. È un cibo amatissimo, lo prepariamo per le feste ma anche per le classiche grigliate con gli amici. In dialetto li chiamiamo «spitini», perché vanno inseriti in uno spiedo di legno per la cottura. Io li ho serviti con delle squisite patate sabbiate, ovvero passate in una «panure» di pangrattato e formaggio, che dona una crosticina niente male.

Ingredienti per 4 persone

- 12 fettine di vitello sottili
- 100 g di pangrattato
- 50 g di caciocavallo o pecorino grattugiato
- 2 cucchiai di uva passa
- 2 cucchiai di pinoli
- 100 g di tuma o primosale o provola
- 1 cipolla
- foglie di alloro
- 1 mazzetto di prezzemolo
- olio evo
- sale
- pepe

continua >

Preparazione

Tostate il pangrattato in un padellino con un po' d'olio e tenetelo da parte. Nella stessa padella fate un trito di cipolla (io ho usato la rossa) e dopo averla soffritta un po' con l'olio, aggiungete il pangrattato tostato. Unite il caciocavallo o pecorino grattugiato, l'uva passa e i pinoli, il prezzemolo, sale e pepe e aggiungete un po' d'olio per amalgamare il tutto. Stendete le fettine su un tagliere e posizionate un cucchiaio di composto al centro, poi aggiungete un dadino di tuma (o il formaggio che avete, tranne la mozzarella). Arrotolate in modo da formare dei fagottini sigillando bene. Ungeteli d'olio e

Secondi

Per le patate

patate
pangrattato
parmigiano o pecorino
rosmarino
olio evo

passateli nel pangrattato. A questo punto infilzateli in uno spiedino di legno, alternandoli con una fettina di cipolla rossa e alloro. Adagiate in una teglia da forno unta d'olio e cuocete in forno a 180 gradi per 15 minuti.

Per le patate

Sbollentate le patate, dopo averle private della buccia, tagliatale a dadi e passatele in una *panure* di pangrattato e formaggio, con aghi di rosmarino e aromi vari a piacere. Aggiungetele nella teglia insieme agli involtini, irrorate d'olio e cuocete insieme alla carne.

> Livello di difficoltà: **per mani esperte...**

Brociolone

Il brociolone, meglio conosciuto come falsomagro, è il piatto delle feste. Nella mia famiglia è d'obbligo a Natale o a Pasqua. La specialista è la sorella di mia mamma, la zia Ina, che non è una gran cuoca, ma sul brociolone non la batte nessuno. Nel ripieno potete mettere ciò che volete. A noi piace farlo così. Attenzione: legatelo bene, per evitare che fuoriesca il condimento durante la lunga cottura.

Ingredienti per 6 persone

- 1 kg di bovino in un'unica fetta
- 100 g di prosciutto cotto
- 100 g di salame
- 100 g di caciocavallo o provola a pezzi
- 600 ml di salsa di pomodoro
- 300 g di pisellini surgelati
- 4 uova (di cui 2 sode)
- 50 g di parmigiano
- 1 bicchiere di vino rosso
- 1 cipolla
- olio evo
- sale
- pepe

Preparazione

Sbattete due uova con un po' di sale e parmigiano e fate una frittatina sottile. Battete la carne, salatela e pepatela, stendetevi sopra la frittatina e distribuite prosciutto, salame e formaggio al centro, quindi aggiungete due uova sode precedentemente bollite. Arrotolate e legate bene con spago da cucina.

Rosolate i piselli con olio e cipolla e aggiungete il pomodoro. In una padella rosolate bene la carne da tutti i lati, in modo da sigillarla per bene, sfumate con il vino e aspettate che evapori. Aggiungete il rotolo di carne nella pentola con il sugo e fate cuocere a fuoco moderato per almeno due ore. Fate la prova forchetta: se entra con facilità sarà pronto. A cottura ultimata togliete il brociolone dal sugo, fatelo raffreddare, slegatelo, tagliatelo a fette non troppo sottili e mettetelo su un piatto da portata. Servite con il sugo e i pisellini.

Secondi

> Livello di difficoltà:
> **chiudere le melanzane**

Melanzane a beccafico

Ho scoperto per caso questa ricetta... e devo dire che l'ho provata prima di farla, perché non l'avevo mai realizzata. Il risultato è stato talmente clamoroso, che ho deciso di proporla in una delle puntate della trasmissione. Qualcuno dice che non sono belle da vedere, ma vi posso garantire che sono buonissime. Delicate e leggere e con quel tocco finale di menta che le rende uniche. Provate e mi direte. Io le melanzane le ho sbollentate, voi se volete potete passarle in forno.

Ingredienti per 4/6 persone

- 2 melanzane viola tonde
- 150 g di pangrattato
- 50 g di uva passa
- 50 g di pinoli
- 1 cipolla
- 1 spicchio d'aglio
- 2 cucchiai di parmigiano o pecorino
- prezzemolo
- menta
- alloro
- olio evo
- sale
- pepe

Preparazione

Tagliate le melanzane e sbollentatele in acqua bollente. Togliete dall'acqua e fate raffreddare su un piano.

In una padella fate soffriggere la cipolla, quindi aggiungete uva passa, pinoli, parmigiano grattugiato, pangrattato (io ne ho usato un bel po', tritato grossolanamente), e dopo aver amalgamato bene unite prezzemolo e menta.

Farcite le melanzane, facendo attenzione a chiuderle come fossero degli involtini: potete usare degli stuzzicadenti per aiutarvi. Disponetele in teglia, alternando ogni involtino con una fettina di cipolla e una foglia di alloro. Cospargete gli involtini con il condimento rimasto, un filo d'olio e cuocete in forno statico a 180 gradi per 20 minuti.

Secondi

I vostri commenti

«Io sono milanese DOC mai stata in Sicilia e tu mi hai fatto venire voglia di vedere Palermo. Sei davvero carinissima 🤭»

Seppie in umido al pomodoro

Livello di facilità: **imbarazzante**

*Q*uesto è un piatto di estrema semplicità ma anche di grande gusto. È un modo super facile per cucinare le seppie e si può anche preparare il giorno prima per mangiarlo il giorno dopo. Sarà ancora più buono. Il sughetto è delizioso e vi consiglio di accompagnarlo con dei crostini di pane. Mi ringrazierete!

Ingredienti per 4 persone

- 3 seppie
- 600 g di pomodori pelati
- 1 cipolla
- prezzemolo
- vino bianco
- 2 spicchi d'aglio
- olio evo
- sale
- pepe

Preparazione

Pulite le seppie e tagliatele a striscioline. Fate rosolare l'aglio e la cipolla tritata finemente. Aggiungete quindi le seppie, bagnate con il vino, lasciate evaporare, unite pomodori, aggiustate di sale e pepe e fate cuocere per almeno 45 minuti a fiamma moderata. A fine cottura, mettete abbondante prezzemolo tritato. Servite a piacere con crostini di pane.

Secondi

Livello di difficoltà: **facile**

Tortino di sarde

Quando ho mangiato per la prima volta il tortino di sarde, ne sono rimasta totalmente rapita. Una delicatezza nel gusto, un insieme di sapori ben bilanciati, l'agrumato del limone e dell'arancia. Insomma, un piatto sorprendente. Davvero. Se volete provare un modo nuovo di fare le sarde, credo che questa sia la ricetta giusta per voi.

Ingredienti per 6 persone

1 kg di sarde
50 g di acciughe sott'olio
100 g di pecorino
1 limone non trattato
1 arancia non trattata
pangrattato
prezzemolo
basilico
menta
aglio
olio evo
sale
pepe

Preparazione

Pulite bene le sarde privandole di testa e coda, lavatele e lasciatele aperte a scolare. In un padellino sciogliete le acciughe con un po' d'olio, quindi unite un po' di pangrattato, pecorino, il trito di prezzemolo, basilico, menta e aglio, il succo del limone e dell'arancia e la loro buccia grattugiata, sale e pepe. Amalgamate bene. Ungete una teglia e disponetevi un primo strato di sarde che cospargerete con il condimento preparato. Proseguite, strato dopo strato, fino a esaurimento degli ingredienti. Con le sarde foderate anche i bordi dello stampo. Completate con un'ultima spolverata di pangrattato, olio, scorzette di arancia e limone. Cuocete per una mezz'oretta a 180 gradi.

Secondi

Livello di difficoltà: **il giusto, senza esagerare**

Sarde a beccafico

Le sarde a beccafico profumano di sicilianità. Sono un piatto cardine della tradizione, povero ma stupendo. Ricco di odori e profumi. Lo mangiano molto volentieri pure i miei bambini e quindi ve lo consiglio. È una ricetta davvero semplice e dal costo limitato. Insomma... non potete non farla! Poi è anche bella da vedere, sembra un quadro e se avete ospiti a cena farete un vero e proprio figurone.

Ingredienti per 4 persone

- **250 g di sarde**
- **30 g di uva passa**
- **30 g di pinoli**
- **10 g di acciughe sotto'olio**
- **50 g di pangrattato**
- **1 arancia**
- **mezzo limone**
- **prezzemolo**
- **qualche foglia di alloro**
- **qualche fetta di cipolla**
- **olio evo**
- **sale**
- **pepe**

Preparazione

Pulite le sarde, apritele e lasciate la codina. Rosolate la cipolla con l'olio, aggiungete acciughe, pinoli e uva passa. A parte, tostate il pangrattato e unitelo al soffritto, quindi aggiungete il prezzemolo tritato. A seconda della quantità, aggiungete il succo di mezzo limone e di un'arancia, quindi sale e pepe. Il composto deve risultare morbido. Farcite le sarde iniziando dalla parte senza codina, in modo che questa venga all'insù. Spolverate con altro pangrattato tostato e aggiungete olio e ancora un po' di succo di arancia e limone. Sistemate le sarde in teglia. Se volete, aggiungete tra l'una e l'altra una foglia di alloro e una fetta di cipolla.
Cuocere a 180 gradi per 15/20 minuti.

Secondi

Livello di difficoltà: **schiacciare le patate**

Gateau al ragù

Il gateau (altrimenti detto gattò o ancora meglio grattò!) così come ve lo presento è un classico della nostra cultura gastronomica. L'originale, lo conosciamo tutti, è con i salumi e il formaggio. Qui a farla da padrone sono il ragù, le uova sode e il caciocavallo. È una classica ricetta del riciclo, perfetta quando, dopo una bella pasta al forno, avanza abbondante ragù. Nelle nostre rosticcerie, la vaschetta di alluminio con il ragù è un grande classico. Ma farlo a casa regala - come sempre - grandi soddisfazioni.

Secondi

Ingredienti per 6 persone

Per il ragù

500 g di trito di manzo e maiale

1 cipolla

1 costa di sedano

1 carota

50 g di concentrato di pomodoro

400 g di salsa di pomodoro

200 g di piselli surgelati

1 bicchiere di vino rosso

1 pizzico di zucchero

olio evo

sale

continua >

Preparazione

Per il ragù, fate un soffritto con cipolla, sedano, carote e l'olio. Aggiungete la carne trita, fatela rosolare e sfumate con il vino. Aggiungete i piselli, sale, pepe, la salsa di pomodoro e il concentrato sciolto in poca acqua. Fate cuocere fin quando il ragù sarà ben denso e non acquoso.

Per il gateau, lessate le patate e schiacciatele, unite il burro, due uova, il formaggio grattugiato, il sale e il pepe e una spolverata di noce moscata. Mescolate bene il tutto in modo da ottenere un composto morbido. Ungete una teglia con l'olio, versatevi il pangrattato e fatelo aderire bene su tutta la teglia. Adagiatevi la metà dell'impasto, poi disponete

Per il gateau

pepe 1,5 kg di patate

100 g di parmigiano o caciocavallo grattugiato

4 uova (due per l'impasto e due sode da mettere all'interno)

100 g di caciocavallo intero

50 g burro

pangrattato

noce moscata

olio evo

sale

sopra il ragù, le uova sode a fettine e caciocavallo anche lui a fettine. Ricoprite con le altre patate, livellate e spolverate con il pangrattato e un po' di parmigiano, aggiungete qualche fiocco di burro e cuocete in forno preriscaldato a 180 gradi per una ventina di minuti.

I vostri commenti

«Fantastica. Paladina della nostra meravigliosa tradizione culinaria. Non sono ricette, sono storia e cultura 👍»

Peperoni ripieni

Livello di difficoltà: **non pervenuto**

Il peperone ripieno è un grande classico della cucina italiana. Ogni regione lo fa e in ogni luogo a cambiare è solo il ripieno. Io vi propongo quello che va per la maggiore in Sicilia, che ho sempre fatto e mangiato in famiglia. Spero possa incontrare il vostro gusto e che possiate amarlo anche voi. Se volete fare la versione aperta, sarà un'ottima soluzione. Io lo preferisco così.

Ingredienti per 4 persone

- 4 peperoni
- 100 g di pangrattato
- 100 g di formaggio primosale o provolone o tuma
- 100 g di salame a dadini
- 4 cucchiai di passata di pomodoro
- 3 cucchiai di pecorino (o caciocavallo o parmigiano) grattugiato
- 1 cipolla
- 1 spicchio d'aglio
- 1 ciuffo di prezzemolo
- 1 cucchiaio di pinoli
- 1 cucchiaio di uva passa
- olio evo
- sale
- pepe

Preparazione

Fate ammorbidire l'uva passa in acqua tiepida. Affettate la cipolla e fatela appassire in una casseruola con l'olio. Aggiungete poi il pangrattato con altri due cucchiai d'olio. Fate intiepidire il pangrattato e aggiungete il pecorino grattugiato, il salame, il primosale a dadini, i pinoli, l'uva passa e un trito di aglio e prezzemolo.
Lavate i peperoni e asciugateli. Tagliate la calotta superiore e mettetela da parte. Puliteli bene e farciteli con il composto. Copriteli con il «tappo» e mettete in forno. Cuocete per almeno 40 minuti in forno statico a 180/200 gradi.

Secondi

I vostri commenti

«Se dovessi dare un volto alla meravigliosa Palermo (dove ho vissuto 5 anni strepitosi), quello sarebbe il tuo. Grazie Giusina 🌼 😊 sei casa...»

> Livello di difficoltà: **pulire i calamari**

Calamari ripieni

I calamari ripieni non hanno bisogno di presentazione. Sono un must, per tutti. In qualsiasi modo decidiate di riempirli, saranno golosissimi. Io ho scelto il classico ripieno alla siciliana, e vi assicuro che sono davvero goduriosi. Non vi resta che provare a farli. Buon appetito a tutti!

Ingredienti per 4 persone

- 4 calamari
- 100 g di pangrattato
- 2 cucchiai di pecorino
- 1 cucchiaio di capperi
- 1 mazzetto di prezzemolo
- 1 spicchio d'aglio
- olio evo
- sale
- pepe

Preparazione

Pulite i calamari e staccate le teste. Tritate i tentacoli, rosolateli in un po' d'olio e mettete da parte. Tostate il pangrattato in una padella con l'olio, quindi unitelo al trito dei tentacoli. Aggiungete il pecorino grattugiato, il prezzemolo, l'aglio e i capperi tritati (che prima avrete dissalato), una presa di sale e un pizzico di pepe. Se occorre, aggiungete ancora un po' d'olio e farcite le sacche dei calamari. Non riempiteli fino alla fine, altrimenti in cottura... esploderanno!

Chiudete con uno stuzzicadenti e disponete i calamari in una teglia foderata di carta forno.

Irrorate con un filo d'olio e aggiungete sopra, se rimasto, un po' del ripieno, poi infornate a 180 gradi, per una ventina di minuti.

Secondi

Livello di difficoltà: **trovare delle buone fette di vitello**

Cotolette alla marescialla

Non chiedetemi perché si chiama così, questa speciale cotoletta. È una ricetta che fu suggerita a mia madre da una sua vicina di casa. Sull'origine del nome non sappiamo granché, marescialla forse richiama il ruolo della donna nelle famiglie arcaiche siciliane, quando in alcune realtà era la figura femminile a comandare. Oggi rimane solo una ricetta meravigliosa, in cui oltre alla carne la fanno da padroni il prosciutto, la provola e la patata, condita con sale e prezzemolo. Per la nostra famiglia questa fettina golosa è stata da sempre sinonimo di festa. Per ogni ricorrenza era il piatto scelto all'unanimità, anche e soprattutto da mio fratello. Poi un giorno è diventato vegano e la sua porzione, da allora, la dividiamo noi!

Ingredienti per 4 persone

4 fette di magatello di vitello (lacerto, per i siculi)

3 patate di media dimensione

4 fette di prosciutto cotto (tagliato un po' spesso)

8 fette di provola dolce

2 uova

pangrattato

prezzemolo

olio evo

sale

Preparazione

Stendete le fette di vitello, e se è il caso, battetele con un batticarne per renderle più sottili.
Bollite le patate, schiacciatele e conditele con prezzemolo e sale. Stendete una buona quantità di patata schiacciata sulla fettina, aggiungete una fetta di provola, quindi una fetta di prosciutto e chiudete. Sbattete le uova e salatele. Passate la fetta nell'uovo e quindi nel pangrattato. Adagiate delicatamente in padella la fetta facendo attenzione a non farla aprire. Cuocete a fuoco moderato. Servite ben calda.

Secondi

Pesce spada alla palermitana

Livello di facilità: massimo

Oramai lo sapete: in Sicilia, laddove possiamo, usiamo il pangrattato. Per panare, per farcire, per condire. Insomma, ci piace davvero tanto. Il pesce spada panato è una bontà assoluta. Solitamente lo si passa nell'olio, prima di tuffarlo nel pangrattato, ma io oso e preparo un delizioso salmoriglio, un mix squisito di olio, limone e origano. Se lo fate alla brace, sarà una bomba. Ma anche in padella o al forno vi darà soddisfazioni.

Ingredienti per 4 persone

- 4 fette di pesce spada
- 2 limoni
- origano
- pangrattato
- olio evo
- sale
- pepe

Preparazione

Versate l'olio in una ciotola, aggiungete il succo di limone, sale, origano e pepe, fino a ottenere una salsina omogenea. Passate le fette di pesce spada nella salsina, quindi nel pangrattato. Mettete sulla padella e cuocete per una decina di minuti. Irrorate con il salmoriglio rimasto. Impiattate e servire.

Secondi

Involtini di pesce spada

Livello di facilità: molto facili

Gli involtini di pesce spada sono uno dei miei secondi piatti preferiti. Li faccio spesso e quando vado al ristorante in Sicilia li ordino sempre. Ogni provincia li fa come tradizione familiare insegna. Questa è la mia versione, quella che amo di più. L'arancia è il mio elemento distintivo, che distingue da altre ricette. Provateli, secondo me li troverete squisiti.

Ingredienti per 4 persone

- 12 fette sottili di pesce spada
- 50 g di pomodorini
- 1 cipolla
- uva passa
- pinoli
- mollica di pane
- pecorino o parmigiano grattugiato
- pangrattato
- succo di 2 arance
- alloro

Preparazione

Stendete le fette di pesce spada. In una padella fate un soffritto di cipolla, unite i pomodorini e fate appassire un po', quindi unite l'uva passa, precedentemente ammollata e strizzata, la mollica di pane frullata, i pinoli, il succo di un'arancia e un po' di pecorino o il parmigiano grattugiato. Fate amalgamare in padella gli ingredienti a fuoco dolce. Mettete su ogni fetta un po' di condimento e richiudete creando un l'involtino. Passate nell'olio e nel pangrattato. Infilate gli involtini in spiedini di legno, intervallando con una fettina di cipolla e una foglia di alloro. Adagiate in una teglia. Irrorate con del succo d'arancia. Cuocete a 180 gradi per 15/20 minuti.

Secondi

Capitolo 4

Lievitati

> Livello di difficoltà: **per appassionati e grandi amanti dei lievitati**

Rosticceria (calzoni, pizzette, rollò con wurstel, ravazzata)

La rosticceria per me è il massimo che si possa desiderare quando si ha voglia di una cosa golosa. Il mio personale comfort food. Tra i vari pezzi, il mio preferito è il calzone con prosciutto e mozzarella. Adoro follemente anche il rollò con besciamella, ma anche le pizzette. Insomma, la rosticceria, che mi ha portato anche la possibilità di debuttare in tv, è il mio cibo del cuore. In tanti non sapevano cosa fosse, e aver fatto conoscere ai non siciliani questa meraviglia mi ha scaldato il cuore. Se scrivo queste parole, qui, in questo momento, devo tutto alla rosticceria. La pubblicazione della foto di un vassoio di calzoni è valsa la mia prima partecipazione a un programma tv tutto mio. «Giusina in cucina» è figlio della rosticceria. Come non amarla!

Ingredienti per 10 persone

- 500 g di farina 00
- 50 g di strutto
- 40 g di zucchero o miele o malto
- 10 g di lievito di birra fresco
- 15 g di sale
- 200 g circa di acqua tiepida
- sesamo
- un uovo e un po' di latte per spennellare

continua >

Preparazione

Sciogliete prima il lievito nell'acqua con un pizzico di zucchero, quindi impastate la farina con lo strutto, aggiungete tutti gli altri ingredienti e ponete a lievitare per circa 2 ore, fino al raddoppio.
Spianate la pasta (altezza 1 cm e mezzo) e formate la diversa rosticceria (la pasta è la base per tutto: calzoni, pizzette e tutta la rosticceria palermitana).
Per i calzoni fate un cerchio, mettete prosciutto e mozzarella al centro e chiudete a mezzaluna. Potete farcire anche con salame e ricotta o come vi piace di più! Per far aderire i due lembi di pasta, bagnate uno dei bordi con l'acqua.
Lasciate lievitare ancora un'oretta.

Lievitati

Per il ripieno di calzoni e rollò

4 mozzarelle

400 g di prosciutto

2 confezioni di würstel

Per la besciamella

500 ml di latte

50 g di farina

50 g di burro

noce moscata

sale

pepe

Per le ravazzate con il ragù

500 g di trito di manzo + 100 g di trito di maiale

200 g di pisellini primavera surgelati

trito di cipolla, carote, sedano

sale

pepe

Per le pizzette

1 mozzarella

polpa di pomodoro

origano

olio evo

sale

Per i rollò con il würstel, prendete una striscia di pasta, avvolgete il würstel e fate lievitare un'oretta.

Per i rollò con la besciamella, unite alla crema (preparata seguendo la ricetta a p. 72) abbondanti prosciutto e mozzarella. Prendete un pezzo di pasta, allargatelo, mettete il condimento al centro e chiudete bene.

Per le ravazzate con il ragù, prendete un pezzo di pasta, allargatelo, mettete il condimento al centro (preparato secondo la ricetta a p. 104) e chiudete bene.

Spennellare i calzoni, i rollò e le ravazzate con un miscuglio di latte e uovo (per evitare che la pasta si secchi), aggiungete il sesamo e ponete a lievitare per un'ora.

Per le pizzette, stendete l'impasto, fate una piccola conca e fate lievitare una mezz'oretta. Poi condite con pomodoro, sale, origano e olio. Aggiungete infine la mozzarella.

Cuocete i pezzi in forno a 200/220 gradi per 12/15 minuti.

Le pizzette cuoceranno in soli 10 minuti.

Se volete fare i calzoni fritti, non spennellate e non mettete il sesamo, mi raccomando! Usate abbondante olio di semi per friggere, che sia ben caldo.

I vostri commenti

«Le colazioni con i pezzi di rosticceria... Indimenticabili! 😍»

I vostri commenti

«Vado a prendermi una granita acese con brioche, ci hai fatto venir voglia. Buona domenica e buona colazione 😊😊»

> Livello di difficoltà: avere pazienza! L'impasto deve lievitare due volte.

Brioche

Le brioche sono un alimento fondamentale in Sicilia. Per mangiare il gelato, la granita, ma anche con il salato. Burro e prosciutto cotto... una vera bontà. In diverse zone dell'Isola si fanno con il cosiddetto «tuppo». Io le faccio anche senza, ma voi potete aggiungerlo senza problemi. Basta ricavare una piccola pallina di impasto e poggiarla sulla brioche. Potete utilizzare, anziché metà acqua e metà latte, anche 250 grammi di sola acqua, o 250 grammi di solo latte. Con il latte risulteranno sicuramente più soffici.

Ingredienti per 15 brioche
(dipende dalla grandezza)

250 g di farina Manitoba

250 g di farina 00

50 g di burro o strutto

250 ml di latte intero (chi è intollerante al lattosio può usare una bevanda vegetale, riso, soia o avena)

12 g di lievito di birra fresco

60 g di zucchero

1 pizzico di sale

1 tuorlo e un po' di latte per spennellare

Preparazione

Sciogliete il lievito nel latte e aggiungete un pochino di zucchero. Unite le due farine, aggiungete il latte con il lievito, poi il burro o lo strutto; impastate un po' e aggiungete il sale. Lavorate bene l'impasto fino a raggiungere una consistenza morbida ma non collosa. Lasciate lievitare per almeno 2 ore fino al raddoppio. Dopo la lievitazione, fate delle palline di 70/80 g di peso e lasciatele lievitare ancora un'ora. Prima di metterle in forno, spennellate con tuorlo d'uovo e latte. Cuocete per 15/20 minuti a 180 gradi, in forno statico.

Lievitati

Brioche salata farcita

> Livello di difficoltà:
> **Occhio alla cottura, sarebbe un peccato trovarla cruda all'interno**

Questa brioche è uno dei ricordi dell'adolescenza vissuta nella mia amata Palermo, quando, durante l'intervallo o in pausa pranzo, la gustavo seduta su un motorino parcheggiato o appoggiata a un muretto. Per chi conosce già le mie ricette, l'impasto è lo stesso delle briochine da colazione o merenda. Cambiano solo il formato e il ripieno.

Ingredienti per 6 persone

- 250 g di farina Manitoba
- 250 g di farina 00
- 50 g di burro o strutto
- 250 ml di latte intero (chi è intollerante al lattosio può usare una bevanda vegetale, riso, soia o avena)
- 12 g di lievito di birra fresco
- 60 g di zucchero
- 1 tuorlo e un po' di latte per spennellare
- sesamo
- 1 pizzico di sale

Per farcire

- 100 g di prosciutto cotto
- 200 g di mozzarella
- 3 pomodori per insalata
- lattuga
- maionese

Preparazione

Sciogliete il lievito nel latte e aggiungete un pochino di zucchero. Unite le due farine, aggiungete il latte con il lievito, il burro (o strutto), impastate un po' e aggiungete il sale. Lavorate bene l'impasto fino a raggiungere una consistenza morbida ma non collosa. Lasciate lievitare per 2 ore fino al raddoppio. Dopo la lievitazione, mettete l'impasto in una teglia rotonda oleata e fatelo lievitare ancora un'ora. Conservate un pezzetto di pasta per fare un cappuccio (tuppo) da mettere al centro dell'impasto. Prima di mettere in forno, spennellate con tuorlo d'uovo e latte e cospargete di sesamo. Cuocete in forno statico per 15/20 minuti a 180 gradi. Non appena pronta, fate freddare, tagliate e farcite.

Lievitati

> Livello di difficoltà:
> **attendere 12 ore la lievitazione**

'nfriulate

Non conoscevo le 'nfriulate, ma è stato amore a prima vista. Le ho scoperte tramite un'amica originaria di Ciminna, perché sono tipiche di questo piccolo centro della provincia di Palermo. Vengono preparate per celebrare «U triunfu da Madunnuzza» l'8 dicembre. Ma come tutte le cose buone, poi, vengono fatte tutto l'anno. Non avendole mai provate prima, non so se sono venute come le originali, ma dalle foto la signora Scimeca (che mi ha donato la ricetta originale) mi ha fatto tanti complimenti. Spero di provare le sue, prima o poi. Loro non usano il formaggio. Io non sono riuscita a non metterlo.

Ingredienti per 6 persone

Per l'impasto

- 1 kg di semola di grano duro rimacinata
- 5 g di lievito di birra fresco
- 1 cucchiaino di zucchero
- 650 ml di acqua
- 20 g di olio evo
- 2 cucchiaini di sale

Per il ripieno

- 1 kg di trito di maiale condito con sale e pepe (o salsiccia sbriciolata)
- 1 barattolo di polpa di pomodoro condita con sale e zucchero
- 4 cipollette tagliate sottili
- 2 patate tagliate sottili
- caciocavallo a dadini

Preparazione

Preparate il ripieno mettendo insieme la carne trita (o la salsiccia sbriciolata), le cipolle e le patate, quindi la polpa di pomodoro, sale e pepe. Lasciate tutto a crudo.
Per l'impasto: vi consiglio di impastare tutti gli ingredienti la sera, lasciare lievitare un'ora a temperatura ambiente e poi in frigo coperto con pellicola per alimenti per tutta la notte. Riprendete l'impasto la mattina e tenete di nuovo un paio d'ore a temperatura ambiente.
Ricavate dei panetti di circa 140 grammi (ne verranno 10-12) e mettete a lievitare per circa 2 ore. Stendete ciascun panetto, inserite il ripieno, aggiungete qualche dadino di formaggio e chiudete. Cuocete in forno a 220 gradi per 15/20 minuti.

Lievitati

I vostri commenti

«Che ricordi! 🌷
Devo assolutamente
prepararla!!!❤»

> Livello di difficoltà: **trovare la scarola riccia!**

Focaccia messinese

La focaccia messinese è uno dei piatti tipici che si trovano nelle rosticcerie di Messina, lo sfincione dei messinesi! È squisita davvero, ricca di gusto. La mia ricetta è quella di Francesco Arena, uno dei più noti maestri fornai della città. Ho usato il primosale e la tuma, ma se non doveste trovarli, usate un formaggio poco salato e un altro un po' più gustoso. La scarola, mi raccomando, deve essere riccia! La ricetta originale prevede lo strutto, io ho usato l'olio, però siete liberi di fare come volete.

Ingredienti per 8 persone

Per l'impasto

- 500 g di farina 00
- 500 g di farina di grano duro
- 5 g di lievito fresco
- 600 ml di acqua
- 40 g di olio evo (oppure 20 g di strutto)
- 1 cucchiaino di zucchero
- 20 g di sale

Per il ripieno

- acciughe
- tuma
- primosale
- scarola riccia
- pomodorini

Preparazione

Per l'impasto, lavorate tutti gli ingredienti nella planetaria o a mano, avendo cura di sciogliere prima il lievito nell'acqua con lo zucchero, poi mettere l'olio e, infine, le farine e il sale. Fate lievitare per almeno 12 ore. Stendete l'impasto in una teglia ben oleata e condite distribuendo bene le acciughe su tutta la superficie, quindi tuma e primosale, scarola e pomodorini. Cuocete in forno statico a 240 gradi per 10 minuti.

Lievitati

Livello di difficoltà: sbucciare le cipolle.

Sfincione

Lo sfincione è il re della pizza a Palermo. È un simbolo della cultura gastronomica del capoluogo, talmente delizioso e saporito da non stancare mai. Lo considero il mio personale biglietto da visita quando ho persone a cena: non si comincia mai se non si mangia almeno un pezzo di sfincione. Come fosse una benedizione. Provatelo: ne resterete ammaliati. Se volete farne di più, raddoppiate le dosi di tutto.
Ps: Per sbucciare le cipolle, tenete a portata di mano una maschera da sub o dei semplici occhialini. Almeno così, spero, non mi maledirete!

Ingredienti per 4 persone

Per l'impasto

400 g di semola di grano duro

100 g di farina 00

300 ml di acqua

10 g di zucchero

4/8 g di lievito di birra fresco
(8 g per una lievitazione di 6/8 ore; 4 g se fate una lunga lievitazione)

20 g di olio evo

15 g di di sale

continua >

Preparazione

Sciogliete il lievito nell'acqua e aggiungete un po' di zucchero. Unite la farina e iniziate a impastare. Aggiungete anche olio e sale.

Impastate bene, fino a ottenere un composto morbido. Prepararlo un giorno prima vi permetterà di avere un lievitato perfetto, digeribile e morbido. Io impasto la sera prima e tengo in frigo coperto da pellicola per alimenti.

Dopo circa 12 ore, tirate fuori dal frigo, rimpastate e lasciate lievitare ancora per 3-4 ore. Poi mettete in teglia e fate lievitare per un'altra mezz'ora. Deve essere un impasto alto e morbido. Se non avete così tanto tempo, lasciate lievitare per 6/8 ore dopo avere impastato e magari aumentato un po' la dose del lievito.

Lievitati

Per il condimento

500 ml di passata di pomodoro

200 g di caciocavallo o provolone

30/50 g di acciughe

5 cipolle bianche

pangrattato

origano

olio evo

zucchero

sale

pepe

Per il condimento, tagliate le cipolle a fette, mettetele a cuocere per almeno un'ora con acqua e olio e aggiustate con un pizzico di sale. Dopo che si sono ben cotte, aggiungete la salsa di pomodoro, condite con sale, pepe e zucchero e fate cuocere ancora per una mezz'ora abbondante. Il sugo può essere lasciato così, con la cipolla intera, oppure lo si può frullare. Dopo aver steso la pasta nella teglia, mettete le acciughe infilzate nell'impasto, e così anche pezzi di caciocavallo. Quindi stendete la salsa di pomodoro con la cipolla in abbondante quantità e coprite l'intera teglia. Spolverate con pangrattato. Io aggiungo anche un po' di caciocavallo grattugiato sopra. Mettete l'olio e cuocete in forno caldo a 220 gradi per 15 minuti. Spolverate con origano e servite.

> Livello di difficoltà: **trovare la tuma se non abiti in Sicilia**

Sfincione bagherese

Quando, diversi anni fa, ho scoperto lo sfincione nella variante bianca, quella bagherese, non potevo credere ai miei occhi. Avevo perso tempo prezioso nella mia vita. Come avevo fatto a vivere senza mai averlo provato? Da una decina d'anni a questa parte, invece, lo sfincione tipico di Bagheria, un comune molto vivo e pieno di ville e palazzi pazzeschi alle porte di Palermo, è un appuntamento fisso della mia cucina. I miei amici e la mia famiglia lo amano follemente e devo dire che è una bellissima alternativa allo sfincione classico.

E non stupitevi se vi dico che il primo sfincione della storia era in realtà questo qui… è proprio così! Lo dobbiamo ai monsù, considerati i primi cuochi gourmet della storia, che alla corte di Giuseppe Branciforte di Butera rimisero in discussione la ricetta dello sfincione già realizzata dalle suore del convento di San Vito, decidendo (saggiamente) di utilizzare per il condimento di questa pizza speciale tutti ingredienti reperibili o, come diremmo oggi, a chilometro zero. E quindi le sarde di Aspra, la tuma e la ricotta al posto di pollo, besciamella e piselli. Spero di avervi incuriosito abbastanza. Non vi resta che provarlo!

Ps: Se non riuscite a trovare la tuma, provate con un pecorino poco stagionato oppure con un provolone o caciocavallo.

Pps: Alcuni usano mettere solo la tuma e non la ricotta. Io preferisco la versione con entrambi i formaggi. O goloso, o niente!

Ingredienti per 4/6 persone

400 g di farina di grano duro
100 g di farina 00
5 g di lievito di birra fresco
1 cucchiaino di zucchero

continua >

Preparazione

Per preparare l'impasto, sciogliete il lievito nell'acqua con lo zucchero, quindi aggiungete le farine e iniziate a impastare, poi unite l'olio e il sale. Se volete un impasto maggiormente idratato, mettete

Lievitati

350 ml di acqua

20 g di olio evo

10 g di sale

Per il condimento

4 cipolle

10/15 acciughe

300 g di tuma

150 g di caciocavallo grattugiato

500 g di ricotta di pecora

400/500 g di mollica di pane fresco

origano

olio evo

sale

pepe

un po' d'acqua in più. Fate lievitare per almeno sei ore. Io vi consiglio di impastare la mattina per la sera, o la sera per l'indomani. In quest'ultimo caso, conservate l'impasto in frigo.

Per il condimento, affettate le cipolle e stufatele con acqua e olio, quindi aggiungete qualche acciuga. Quando le cipolle saranno morbide e dorate, toglietele dalla padella. Nella stessa padella, fate tostare la mollica di pane sbriciolata, fatela dorare e mettetela da parte. Stendete l'impasto in una teglia. Tagliate la tuma a fette di 2 cm e condite la mollica tostata con caciocavallo grattugiato, origano e pepe. Sistemate le acciughe rimaste sopra l'impasto con un po' d'olio, quindi adagiate le fette di tuma. Sopra la tuma mettete la ricotta tagliata a fette e la cipolla condita precedentemente. Completate il tutto con la mollica tostata, un giro d'olio e fate lievitare ancora per mezz'ora. Aggiungete un po' d'origano e infornate. Cuocete in forno preriscaldato a 240/250 gradi per 10 minuti.

I vostri commenti

«Che buone 🤩 Mi ricorda i tempi delle scuole elementari… panificio… treccina o millefoglie e poi dritto a scuola ❤️»

Treccine

> Livello di difficoltà: moderato, ma in fondo molto facile. Basta prendere la mano...

Questa è una delle ricette a cui sono più legata perché era la mia merenda. È un dolce da forno e in Sicilia si trova in tutti i panifici. Nel palazzo dove vivevo da bambina, ricordo un ragazzo urlare: «Na' briochina 50 lire». E ricordo mia nonna prendere una bella treccina morbida, calda e piena di zucchero per la merenda. Ricordi indelebili, che sono nel mio cuore.

Ingredienti per 10 treccine

- 160 ml di latte intero a temperatura ambiente
- 60 g di zucchero
- 10 g di miele di acacia
- 10 g di lievito di birra fresco (o anche meno, se avete più tempo)
- 350 g di farina 00
- 70 g di burro o strutto
- estratto di vaniglia
- un po' di latte da spennellare prima della cottura
- zucchero semolato
- acqua quanto basta per la finitura
- 1 pizzico di sale

Preparazione

Sciogliete nel latte lo zucchero, il miele e il lievito in una ciotola. Coprite con un canovaccio pulito e lasciate fermentare per 10-15 minuti.

Aggiungete tutta la farina e il burro e impastate, quindi unite il sale e lavorate ancora. Formate dei cordoncini di una lunghezza di circa 50 cm. Chiudete a ferro di cavallo, fissate al centro e create delle trecce, però a due. Posizionate le vostre treccine sulla teglia con carta forno, ben distanziate. Coprite e fate lievitare per due/tre ore. Spennellate quindi con del latte e cuocete a 180 gradi in forno statico, per circa 15 minuti: devono rimanere chiare. Quando sono ancora calde, bagnate la parte superiore con dell'acqua e passatele nello zucchero.

Per una colazione stupenda, vi consiglio di impastare la sera prima e lasciare lievitare per tutta la notte. Infornate non appena vi alzate.

Lievitati

I vostri commenti

«Ma la perfezione stilistica
di questi cerchi giotteschi
e zuccherosi? 👏👏»

> Livello di difficoltà: **dovete avere pazienza. Devono lievitare due volte**

Ciambelle

Alzi la mano chi non ha mai mangiato una ciambella con lo zucchero nella propria vita. Non vedo mani alzate, per fortuna! Altrimenti ci sarei rimasta male. Perché non possiamo non ammettere che la ciambella è uno dei piaceri della vita. Unta, soffice, piena di zucchero, con un sapore inconfondibile. Ci sono diverse ricette, ovviamente, ma vi garantisco che dopo anni di studi (veri!) ho deciso che questa è la ricetta migliore del mondo. Provatela e mi farete sapere cosa ne pensate.

Ingredienti per circa 15 ciambelle

- 600 g di farina
- 250 ml di latte tiepido
- 50 g di strutto
- 50 g di zucchero
- 1 cucchiaino di sale
- 15 g di lievito di birra fresco
- 1 uovo
- olio di semi
- zucchero per guarnire

Preparazione

Sciogliete il lievito nel latte e aggiungete un pochino di zucchero. Lavorate in planetaria o a mano tutti gli ingredienti fino a ottenere un impasto omogeneo. Fate lievitare per almeno due ore fino al raddoppio. Ricavate le forme con il coppapasta o con una tazza, fate il buchino con una cannula o anche semplicemente togliendo un po' di impasto dal centro con un coltello ben affilato, e fate lievitare ancora per un'oretta.
Friggete in olio di semi ben caldo. Prima di servire le ciambelle, passatele nello zucchero.

Lievitati

Grissini

Livello di difficoltà: mettere bene il sesamo!

Questi grissini sono davvero speciali, un ottimo sostituto del pane. A Palermo sono molto diffusi, diciamo che nei panifici si vendono quasi esclusivamente questi, nella versione con il sesamo, ma anche senza. Io li adoro, e aver trovato una ricetta che me li ricorda quasi perfettamente mi ha reso, diciamo così... orgogliosa! Fateli anche voi, vi daranno estrema soddisfazione.

Ingredienti per una ventina di grissini

- 400 g di farina di grano duro
- 100 g di farina 00
- 10 g di lievito di birra fresco
- 150 g di strutto
- 200 ml acqua
- 1 cucchiaio di zucchero
- sesamo
- olio evo
- 10 g di sale

Preparazione

Sciogliete il lievito nell'acqua con un cucchiaino di zucchero, aggiungete il resto degli ingredienti e impastate fino a ottenere un composto elastico e omogeneo, poi trasferitelo su una spianatoia spolverizzata con la semola. Create un rettangolo di pasta, spennellatelo con l'olio e lasciate lievitare per almeno un'ora, fino a quando l'impasto non risulterà raddoppiato. Tagliate l'impasto prendendo una striscia, fate una pallina e poi allungatela con le mani su un piano, fino a raggiungere la lunghezza desiderata. Vi consiglio di farli abbastanza sottili perché crescono in cottura. Bagnateli velocemente in una terrina colma d'acqua, quindi passateli nel sesamo. Disponete i grissini su una teglia ricoperta di carta forno e fateli cuocere a 200 gradi per circa 15-20 minuti, fino a quando non risulteranno dorati.

Lievitati

I vostri commenti

«Che buon panino, mi viene voglia di mangiarmelo in un sol boccone Giusy 😍😍❤️❤️❤️»

> Livello di facilità: **ampio e dimostrato**

Pane cunzatu

*S*e un giorno vi dovesse capitare di andare a Scopello (e io ve lo auguro di vero cuore) sono certa che mi penserete. Perché il «pane cunzatu» che voglio condividere con voi è un cibo prezioso, ricco di semplicità e di ingredienti genuini, che hanno reso Scopello e il circondario ancora più noti di quanto non lo fossero già per le indiscusse bellezze naturalistiche. Provatelo.

Ingredienti

Impasto

400 g di semola di grano duro rimacinata
100 g di farina 00
10 g di lievito di birra fresco
350 ml di acqua
1 cucchiaino di zucchero
10 g di sale

Per il condimento del pane

2 pomodori
100 g di acciughe
150 g di primosale o tuma
origano
olio evo
sale

Preparazione

Sciogliete il lievito nell'acqua con lo di zucchero. Aggiungete la farina, il sale e impastate, aiutandovi con un cucchiaio di legno. Fate lievitare per almeno un paio d'ore e di tanto in tanto andate a mescolare. L'impasto risulterà super elastico. Mettete poi su un piano, fate le pieghe e lasciate lievitare ancora per una mezz'ora. Quindi ricavate le forme del pane e fate lievitareper 20/30 minuti. Cuocete a 220 gradi per 20 minuti.
Appena pronto, fate freddare e farcite con il resto degli ingredienti.

Lievitati

> Livello di difficoltà: tanta, tantissima pazienza, ma grande, grandissima soddisfazione

Pizza a modo mio

Per chi mi segue sui social, la mia prima #SelfieRicetta qualche mese fa mostrava la preparazione della pizza, la mia super pizza, senza (troppi) sforzi e senza sporcarsi le mani (quasi). Il video è diventato vostro, in centinaia di migliaia lo avete condiviso. Nel momento in cui scrivo siamo oltre il milione di visualizzazioni, una cosa mai vista. Almeno per me. La cosa più bella è che chiunque lo abbia provato mi ha detto che non ci sarà mai più nella loro vita una pizza diversa da questa. Soddisfazioni! Ed eccomi qui, con la mia super pizza, che adesso è anche vostra. Buona pizza a tutti!
Ps: Vi propongo tre diversi modi per farcirla. Sono quelli che più amiamo in famiglia.

Ingredienti per 6 persone

- 600 g di farina 00 per pizza
- 400 g di farina di grano duro
- 750 ml di acqua
- 2 g di lievito di birra fresco
- 1 cucchiaino di zucchero
- 20 g di sale

continua >

Preparazione

In una ciotola capiente, sciogliete il lievito con l'acqua, aggiungete lo zucchero e la farina, mescolate un po' e unite il sale. Mescolate con un cucchiaio di legno in modo da creare un impasto che risulterà appiccicoso. Fate riposare per una mezz'oretta e rimpastate sempre con il cucchiaio. Ponete l'impasto in frigo per 8/10 ore, trascorso questo tempo impastate un'altra volta e rimettete in frigo fino a 4/5 ore prima di infornarla. A quel punto, lasciatela fuori dal frigo e rimpastate, sempre con il cucchiaio; fatelo almeno un paio di volte nell'arco di 2/3 ore.

Lievitati

Per il condimento

2 zucchine

2 stracchini

6 mozzarelle

200 g di salame Milano

200 g di mortadella

300 g di pesto di pistacchi

2 pomodori da insalata

300 g di caciocavallo o provolone

granella di pistacchi

origano

prezzemolo

olio evo

sale

Appena l'impasto sarà lievitato bene, trasferitelo su un piano con della farina e fate le classiche pieghe. Lasciate lievitare ancora un'oretta, quindi fate un altro giro di pieghe e ricavate dei panetti di 200/300 g ciascuno. Un'ultima oretta di lievitazione e il vostro impasto sarà pronto per essere condito e infornato.

Pizza rustica

Dopo avere steso la pasta, adagiatevi sopra le fette di salame le fette di pomodoro, aggiungete pezzi di caciocavallo, olio, sale e origano. Grattate ancora caciocavallo e infornate. Forno caldissimo, 220 gradi per 10/15 minuti. Aggiungete, appena pronta la pizza, del prezzemolo tritato.

Pizza mortadella e pistacchio

Unite il pesto di pistacchi allo stracchino, stendete sulla pizza e infornate. Forno caldissimo, 220 gradi per 10/15 minuti.
Aggiungete, a cottura quasi ultimata, la mozzarella. Appena cotta la pizza, aggiungetevi roselline di mortadella e granella di pistacchi.

Pizza zucchine e stracchino

Stendete l'impasto e mettete la mozzarella sulla base. Ricoprite di zucchine tagliate sottili, salate, aggiungete un po' d'olio e infornate: forno caldissimo, 220 gradi per 10/15 minuti. A cottura quasi ultimata, aggiungete lo stracchino.

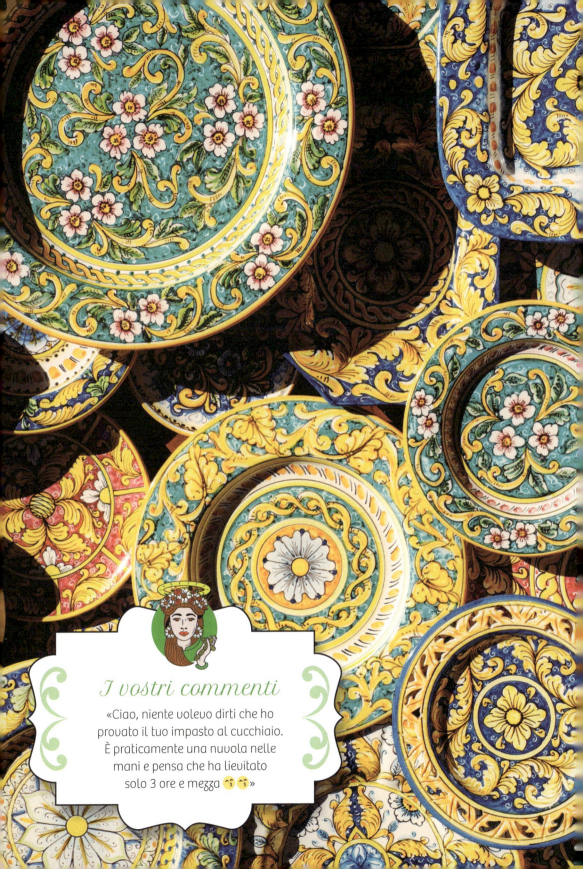

I vostri commenti

«Ciao, niente volevo dirti che ho provato il tuo impasto al cucchiaio. È praticamente una nuvola nelle mani e pensa che ha lievitato solo 3 ore e mezza 😋😋»

Livello di facilità: **assicurato**

Pagnottine al sesamo

Da buona palermitana, adoro il sesamo. Che poi lo si chiama in mille modi: cimino, giugiulena, ciuciulena... Io faccio sempre il pane in casa perché mi piace impastare e perché ritrovo i sapori del panificio di quando ero piccina. Una forma di felicità... Non uso soltanto una farina, mi piace mixarle a seconda del tipo di pane che voglio mangiare. Per questa ricetta uso un mix di semola di grano duro rimacinata e farina di tipo 2. Se avete tempo impastate la sera prima, o fate lievitare per almeno 6 ore per un pane meraviglioso.

Ingredienti

400 g di semola di grano duro rimacinata
100 g di farina tipo 2
350 ml di acqua
4 g di lievito di birra fresco
1 cucchiaino di zucchero o miele
sesamo
10 g di sale

Preparazione

Prendete un po' della quantità d'acqua occorrente e scioglietevi il lievito, aggiungendo zucchero o miele. Fate fermentare per una decina di minuti, quindi aggiungete a poco a poco la farina. Iniziate a impastare a mano o con la planetaria, fino a raggiungere un composto che deve essere un po' appiccicoso, lasciate riposare per almeno 6/8 ore. Se impastate il giorno prima fate riposare la notte in frigo e tirate fuori a metà mattina per fare completare la lievitazione a temperatura ambiente. Ricavate le forme desiderate: io ho fatto le classiche rosette, utilizzando una formina a cerchietto piccolo, e dei panini normali. Lasciate lievitare ancora per un'ora. Spennellate con acqua e aggiungete il sesamo. Fate cuocere in forno caldo a 220 gradi per 15/20 minuti.

Lievitati

Capitolo 5

Dolci

Cassata al forno

Livello di difficoltà: abbastanza laboriosa ma facile

La cassata al forno è un dolce amatissimo e molto diffuso a Palermo e provincia. È un po' l'antesignana della cassata classica. Fu la prima vera e propria cassata: quella oggi più comune con la frutta candita arrivò solo a fine Ottocento. La mia preferita è proprio quella al forno. La frolla insieme alla ricotta, con lo zucchero a velo e se vi piace un po' di cannella, è un connubio che non potete non provare almeno una volta nella vita. Secondo la tradizione si mangia a Pasqua, ma oramai anche a Natale e per le feste comandate. Unica raccomandazione: ricotta di pecora. Non è ammessa la vaccina!

Ingredienti per 6/8 persone

Per la frolla

350 g di farina
150 g di burro (non freddo)
150 g di zucchero
2 tuorli e 1 uovo
1 bustina di lievito
1 bustina di vanillina
scorza di limone non trattato
sale

continua >

Preparazione

Grattugiate la scorza del limone e unitela allo zucchero.
Mescolate la farina, il burro, le uova e gli altri ingredienti. Lavorate e create l'impasto. Avvolgete nella pellicola per alimenti e fate riposare per un'oretta in frigo.

Per la crema di ricotta

Unite lo zucchero alla ricotta e mescolate bene. Fate riposare per un'oretta, quindi setacciatela per rendere la crema il più fluida possibile. Aggiungete le gocce di cioccolato. Imburrate e infarinate una teglia a cerniera (la mia ha un diametro di 24 cm). Stendete un cerchio di frolla sulla base, e rivestite anche i bordi.

Per la crema di ricotta

1 kg di ricotta di pecora

300 g di zucchero semolato

100 g di gocce di cioccolato fondente

Per guarnire

zucchero a velo

cannella

Bucherellate la base della frolla. Aggiungete la ricotta. Chiudete con un altro disco di frolla e sigillate i bordi. Bucherellate anche questa parte.

Cuocete in forno statico per 45 minuti a 180 gradi. Togliete dallo stampo dopo che si è raffreddata, giratela (si serve dalla parte della base) e servite con zucchero a velo e cannella.

I vostri commenti

«Il Commissario Montalbano e Giusina Battaglia... due binomi inscindibili appartenenti a una terra ricca di sapori e colori unici e variegati... meraviglia delle meraviglie 👏»

I vostri commenti

«Ma come ho fatto a dimenticarmi
di tale meraviglia della mia
amatissima Palermo.
Come vorrei essere lì a gustarla ♥»

> Livello di difficoltà: **laboriosa**

Cassata al gelo di anguria

Questa è la mia torta: il dolce che amo di più, estivo, fresco, profumato. Il dolce del mio compleanno. E sono felice di donarvi la ricetta, affinché diventi anche vostra. Per estrarre il succo dall'anguria (che a Palermo chiamiamo mellone, con due elle!) io ho usato uno schiaccia patate. Ma se avete un estrattore, usate quello. Si fa in un attimo… Si può fare così, come una cassata, ma anche come una crostata o in piccole paste di frolla. Preparatela il giorno prima. Dovete mangiarla fredda, tirandola fuori dal frigo solo pochi minuti prima di gustarla.

Ingredienti per 6/8 persone

Per la frolla
350 g di farina 00
150 g di burro (non freddo)
150 g di zucchero
2 tuorli
1 uovo
1 bustina lievito
1 bustina di vanillina
1 pizzico di sale
scorza di limone non trattato

continua >

Preparazione

Grattugiate la scorza del limone e unitela allo zucchero. Mescolate la farina, il burro, le uova e gli altri ingredienti. Lavorate e create l'impasto. Avvolgete nella pellicola per alimenti e fate riposare per un'oretta in frigo.

Per il gelo
Mescolate con un cucchiaio di legno amido e zucchero nel tegame dove dovrà essere cucinato il gelo. Mettete poco succo di anguria e continuate ad amalgamare poi aggiungete altro succo. Mettete sul fuoco il tegame, e sempre mescolando, aggiungete tutto il succo: non deve formare grumi. Mescolate sempre fino a cottura ultimata, che avverrà circa 2/3 minuti dopo che avrà iniziato a bollire.

Dolci

Per il gelo

1,5 l di succo di anguria già filtrato (occorrono circa 2 kg di anguria)

200/250 g di zucchero (la quantità varia a seconda di quanto è dolce il frutto, più dolce è e meno zucchero occorre)

90 g di amido di mais

50 g gocce di cioccolato

1 cucchiaino di cannella

Per la decorazione

zucchero a velo

granella di pistacchi

fiori di gelsomino

cannella

A metà cottura aggiungete la cannella. Trasferite in una pirofila e fate raffreddare. Appena freddo, aggiungete le gocce di cioccolato.

Preparate la base della cassata rivestendo con la frolla il fondo e i bordi, fino a metà teglia. Bucherellate la base con la forchetta. Aggiungete il gelo. Mettete un altro disco di frolla e chiudete i bordi. Cuocete per almeno 45 minuti a 180 gradi in forno statico. Fate raffreddare prima di sformare. Giratela (si serve dalla base). Appena pronta, aggiungete granella di pistacchi, zucchero a velo, cannella e i fiori di gelsomino. Servite ben fredda. Io vi consiglio di mangiarla il giorno dopo la realizzazione. Si conserva per diversi giorni in frigo.

> Livello di facilità: **imbarazzante**

Biancomangiare

Il biancomangiare è un dolce al cucchiaio che deve il suo nome al fatto che viene preparato prevalentemente con ingredienti di colore bianco. Sembra che le sue origini siano arabe, già dal Dodicesimo secolo però questa pietanza si diffuse in Sicilia e in breve tempo nel resto dell'Europa (in Francia, ad esempio, era noto come «blanc manger»). In diverse zone dell'Isola si prepara in modo diverso, con il latte o con il latte di mandorla. Io ho preferito fare la versione con crema di latte, ma l'ho arricchito con dei biscotti, come fosse un tiramisù. Gustatelo freddo. È una bontà. Un dolce nobile e delicato.

Ingredienti per 6 persone

- 1 l di latte
- 100 g di amido per dolci
- 120 g di zucchero
- 50 g di scaglie di cioccolato
- cannella
- mandorle tostate tritate
- pistacchi tritati
- biscotti secchi
- caffè

Preparazione

Stemperate l'amido in poco latte freddo. Incorporate lo zucchero e il latte rimasto e mescolate fino a farlo addensare. Versate il composto in una ciotola per raffreddarlo. Per servire cospargete con cannella, cioccolato in scaglie, mandorle e pistacchi tritati.

Per fare un biancomangiare particolare, prendete dei biscotti secchi, passateli nel caffè e iniziate a fare degli strati di biscotti e crema. Finite con cioccolato, mandorle e pistacchi. Un tiramisù molto particolare!

Livello di difficoltà: trovare la tuma

Sfoglio delle Madonie

Lo sfoglio delle Madonie ha origini lontanissime nella mia vita. Ricordo che quando lo assaggiai per la prima volta ero una bimba, ma non dimentico quell'esplosione di sapore che me lo ha fatto amare subito. È un dolce tipico delle Madonie, una catena montuosa del palermitano. C'è da anni una «querelle» sulla paternità: Polizzi Generosa e Petralia Soprana se la contendono, e, dopo tante accuse e recriminazioni, si è deciso di chiamarlo più genericamente Sfoglio delle Madonie. Tra tante incertezze, l'unica sicurezza è la bontà di un dolce realizzato con la tuma.
Ps: Non chiedetemi come sostituire la tuma. Non è possibile.

Ingredienti per 10/15 persone
(Io ho usato uno stampo da 26 cm)

Per la frolla
500 g di farina 00
200 g di strutto (o burro)
300 g di zucchero
2 uova e 2 tuorli
mezzo bicchiere di Marsala
1 pizzico di sale

Per il ripieno
500 g di tuma
200 g di zucchero
2 albumi
100 g di cioccolato fondente
cannella in polvere
zucchero a velo
1 pizzico di sale

Preparazione

Impastate la farina con lo strutto, lo zucchero, le uova e i tuorli, il Marsala e un pizzico di sale.
Appena il composto diventa omogeneo avvolgetelo nella pellicola per alimenti e riponetelo in frigo per un'ora.
Nel frattempo, per il ripieno amalgamate la tuma grattugiata con il cioccolato tritato e i due albumi montati a neve, poi aggiungete lo zucchero e un pizzico di cannella, mescolando bene fino a ottenere una crema omogenea.
Spianate la pasta in due sfoglie; con una foderate il fondo e i bordi di una teglia unta. Riempite con il ripieno, coprite con l'altra sfoglia e infornate a 180 gradi per un'ora.
Vi consiglio di aspettare qualche ora prima di mangiarlo.

Dolci

I vostri commenti

«Io la ricotta la adoro, soprattutto quella di pecora. La ricetta è ottima sia per merenda che per dopo il pasto, fantastica 👏🏻👏🏻»

Livello di difficoltà: **nullo**

Rotolo di ricotta

Il rotolo di pasta biscotto ripieno è un grande classico della nostra pasticceria. Lo si trova con varie farciture. I più diffusi sono alla panna e fragoline, alla crema gialla e fragole o alla crema di ricotta, come in questa versione. Sapete quale sensazione si scatena al primo assaggio? Sembra di mordere una nuvola. Davvero. Non sto esagerando. Provatelo e poi fatemi sapere se ho raccontato una vera sensazione...

Ingredienti per 8 persone

Per l'impasto

- 4 uova
- 80 g di zucchero
- 80 g di farina
- 20 g di fecola di patate
- 1 cucchiaino di lievito
- scorza di limone non trattato

Per la crema

- 500 g di ricotta
- 150 g di zucchero
- 100 g di gocce di cioccolato

continua >

Preparazione

Per preparare la crema, mettete a scolare la ricotta in modo che perda il liquido in eccesso. Schiacciatela con la forchetta e incorporate lo zucchero. Quando il composto sarà ben amalgamato, lasciatelo riposare in frigo per almeno un'ora. Trascorso questo tempo, passate al setaccio e aggiungete il cioccolato.

Per l'impasto, separate gli albumi dai tuorli. Montate a neve gli albumi con metà dello zucchero, poi fate la stessa cosa con i tuorli, a cui aggiungete anche la scorza di limone. Unite delicatamente i tuorli agli albumi, quindi la farina setacciata a poco a poco, la fecola e il lievito. Rivestite una teglia di carta forno, versate il composto e livellate bene. Deve essere omogeneo e in uno strato sottile.

Cuocete a 220 gradi per 5/6 minuti. La pasta deve essere chiara.

Dolci

Disponete la pasta biscotto con tutta la carta forno su un piano e ricoprite con un altro foglio di carta forno, giratela e poi staccate delicatamente la carta forno usata per la cottura. Mentre è ancora tiepida, versate sulla superficie la crema di ricotta, arrotolate e servite, spolverando con zucchero a velo. Io ho aggiunto anche delle gocce di cioccolato in superficie.

> Livello di difficoltà: **non fare crollare le uova!**

Pupu cu l'ovu

Il Pupu cu l'ovu è un dolce tradizionale della Pasqua in Sicilia e a seconda delle province in cui viene realizzato prende un nome diverso. Quelli bravi bravi fanno delle vere e proprie sculture di frolla... io mi limito a fare una forma semplice semplice, ma ricca di simbolismo. Fateli con i vostri bimbi, si divertiranno un sacco! L'uovo ha un significato importante, in questo dolce. Segno di vita, di rinascita, di resurrezione.

Ingredienti per 8 persone

- 500 g di farina 00
- 150 g di zucchero
- 150 g di strutto
- 100 ml di latte intero
- 2 uova
- 5 g di ammoniaca per dolci
- 1 bustina di vanillina

Per la decorazione

- 6/8 uova sode
- zuccherini colorati
- tuorlo d'uovo e latte

Preparazione

Impastate gli ingredienti a mano o nella planetaria. Formate l'impasto e lasciate riposare in frigo per un'oretta. Trascorso questo tempo, dividete la pasta in porzioni e stendetela. Date alla frolla la forma scelta e fissate un uovo sodo su ogni sfoglia con due strisciolone di pasta disposte a croce. Io ho fatto una treccina che ho posto alla base di un disco di frolla per accogliere l'uovo. Riponeteli su una teglia rivestita con carta forno e, dopo averli spennellati con latte o uovo sbattuto e cosparsi di zuccherini colorati, cuoceteli in forno preriscaldato a 180 gradi fino a doratura (20-30 minuti).

Dolci

Livello di difficoltà: **facili ma lunghissima preparazione**

Cassatelle di Agira

Le cassatelle di Agira sono un dolcetto meraviglioso, che ha origine ad Agira, una bellissima cittadina in provincia di Enna. Il ripieno è caratteristico, ricchissimo di cacao e mandorle. La frolla è super leggera, fatta con l'acqua. Quando ho proposto la ricetta in tv, la soddisfazione più grande è stata ricevere dei commenti bellissimi da un paio di signore di Agira, che si complimentavano per la ricetta. Per me è stato come prendere una laurea! Spero possiate farle anche voi prestissimo. Se volete prepararne di meno, basta dimezzare le dosi!

Ingredienti per 30/40 cassatelle

750 g di farina 00
250 g di zucchero semolato
250 g di strutto
100 ml di acqua
1 uovo

Per il ripieno

350 g di mandorle pelate
scorza di 1 limone non trattato
50 g di cacao amaro in polvere
60 g di cacao zuccherato in polvere
150 g zucchero
5 g di cannella
70 g di farina di ceci
500 ml di acqua
zucchero a velo per guarnire

Preparazione

Per il ripieno, fate dorare al forno le mandorle, quindi frullatele insieme alla scorza del limone. Mettetele in un tegame e aggiungete il cacao amaro, il cacao dolce, lo zucchero, la cannella e l'acqua. Accendete il fuoco e quando il composto arriverà a bollore mescolate e incorporate la farina di ceci setacciata, mescolando energicamente. Fate raffreddare e mettete in frigo. Deve riposare per almeno 12 ore. Per la frolla: unite nella ciotola della planetaria la farina e lo strutto lavorandoli con la frusta a foglia a bassa velocità, quindi aggiungete gli altri ingredienti. Potete anche impastare a mano. Appena l'impasto sarà diventato liscio e omogeneo, avvolgete in pellicola per alimenti e fate riposare per tutta la notte in frigo.

continua >

Per la crema

500 g di ricotta
150 g di zucchero semolato
100 g di gocce di cioccolato

Con il mattarello stendete una sfoglia di circa 5 millimetri e con un coppapasta del diametro di 10 cm fate una forma tonda e riponete al centro un cucchiaio di impasto al cacao e mandorle, poi richiudete le cassatelle come dei maxi ravioli, schiacciando con i rebbi di una forchetta. Mettete in forno a 180 gradi per 15 minuti, in modalità statica.
Devono rimanere chiare. Cospargete con abbondante zucchero a velo.

Dolci

I vostri commenti

«Io adoro Giusina, simpatica, alla mano naturale. Conosco ogni episodio a memoria. Perfino un veneto come me può facilmente portare in cucina bontà siciliane! Grazie per questo programma»

> Livello di difficoltà: **facilissimissimo**

Pan d'arancio

Il pan d'arancio è una torta che mi rende felice. La prima volta, l'ho mangiata da bambina. C'era un mio zio che ce lo faceva trovare ogni volta che andavamo a trovarlo a casa. È molto diffuso in Sicilia e ci sono diverse ricette per prepararlo. Per me questa è super collaudata. La trovo una torta magnifica. Resta umida e morbida per giorni. Una meraviglia. Il mio segreto? La farina di mandorle. E ringrazio per questo la bravissima Giordana, cuoca meravigliosa di grandi bontà dolci e salate.

Ingredienti per circa 10 persone

200 g di farina 00
100 g di farina mandorle
150 g di zucchero semolato
150 g di olio di semi
4 arance non trattate
3 uova
1 bustina di lievito
zucchero a velo

Per la glassa

2 arance
zucchero a velo

Preparazione

Frullate due arance nel mixer con tutta la buccia. Fate caramellare le altre due arance, tagliate a fette, con acqua e zucchero sul fuoco.
Unite gli ingredienti rimasti alle arance frullate e impastate a mano o con le fruste elettriche. Imburrate uno stampo da plumcake e mettete le arance caramellate sulla base, poi versate il composto.
Cuocete in forno a vapore per 45 minuti a 160 gradi. Se non avete il forno a vapore, potete mettere una ciotola d'acqua nel vostro forno e cuocere normalmente. Sarà morbidissima.
Preparate la glassa con il succo delle arance e un po' di zucchero a velo. Mescolate energicamente, fino a raggiungere la consistenza desiderata, e cospargetela sulla torta una volta fredda.

Dolci

Cannoli

Livello di difficoltà: difficili ma grande soddisfazione alla fine

Cosa dire se non che i cannoli sono la rappresentazione più alta della pasticceria siciliana? Il cannolo batte sempre tutti, non ce n'è per nessuno. Vi confesso che la riuscita della cialda lascia sempre un po' di batticuore. Deve essere croccante e piena di bolle. Ci vuole molta pazienza a ripassare la sfoglia, ma il risultato è meraviglioso. Si possono conservare in una latta anche per un mese. Rimarranno super croccanti.

Ingredienti per una ventina di cialde

250 g di farina 00
1 cucchiaino di cacao amaro (potete anche ometterlo)
20 g di zucchero
mezzo bicchiere di Marsala
20 g di aceto
30 g di strutto
1 uovo
1 pizzico di sale

Per friggere
olio di semi

continua >

Preparazione

Mettete in una planetaria o impastate a mano gli ingredienti: farina, cacao, zucchero, Marsala, aceto, strutto, uovo e sale. Come fosse una frolla. Ricavate il panetto e fate riposare in frigo per un'ora. Dividete l'impasto in due, passate al mattarello e poi nella macchina per la pasta, da 1 a 6 volte. Ripiegate più volte su se stesso l'impasto per assicurare la migliore riuscita in termini di fragranza. Fate le forme e appoggiatele sulle cannule (si trovano nei negozi di articoli per pasticceria o online). Per unire i due lembi e creare la forma del cannolo usate un po' di albume. Friggete in olio a 180 gradi per pochi secondi.

Per la crema
Mettete a scolare la ricotta in modo che perda il liquido in eccesso.

Dolci

Per la crema

500 g di ricotta

150 g di zucchero

100 g di gocce di cioccolato

Schiacciatela con la forchetta e incorporate lo zucchero. Quando il composto sarà ben amalgamato, lasciatelo riposare in frigo per almeno un'ora. Quindi passatela al setaccio, aggiungete il cioccolato e mettete nella sac à poche per farcire i cannoli.

Aggiungete, se volete, ciliegie o arance candite e pistacchio tritato per la decorazione.

I vostri commenti

«Siii un tarallo anch'io, i biscotti della mia infanzia 😋😋»

Livello di difficoltà: **solo la glassa può darvi qualche preoccupazione**

Taralli

I taralli sono un'altra tappa fondamentale della mia formazione da buongustaia. Ero piccola, molto piccola e adoravo già questo dolce. Mi faceva impazzire la morbidezza del biscotto e la friabilità della glassa di zucchero e limone dal sapore unico. Da bambina li mangiavo spesso, in ogni periodo dell'anno, non solo per le festività dei morti, che vedono i taralli protagonisti tra i vari dolciumi deliziosi di quei giorni. Poi ho perso l'abitudine, ma quando ho imparato a farli io... mi sono emozionata al primo assaggio. Avevano lo stesso identico sapore di quelli che avevo mangiato da bambina. E infatti, averli replicati mi rende felice come una bimba al luna park. Provateli, ne resterete affascinati pure voi.

Ingredienti per 10/15 taralli

Per il biscotto

125 g di farina 00

30 g di strutto

30 g di zucchero

5 g di succo di limone e la scorza di 1 limone non trattato

5 g di ammoniaca per dolci

25 ml di latte a temperatura ambiente

1 cucchiaino di estratto di vaniglia

1 uovo

continua >

Preparazione

Per fare il biscotto, impastate insieme gli ingredienti fino ad avere un composto morbido. Ricavate quindi le tipiche forme prendendo due cilindri sottili e allungati di impasto e intrecciandoli tra loro, così da formare una coroncina, e unite poi le estremità. Fate lievitare per almeno due ore.

Per la glassa

In un pentolino mettete prima l'acqua e poi lo zucchero. Portate a bollore, fino a raggiungere la temperatura di 130 gradi. È necessario avere un termometro da cucina. Per verificare se è pronta si fa la prova delle dita: con la massima attenzione, prendete un po' del composto e controllate se

Per la glassa

500 g di zucchero
150 ml di acqua
2 cucchiai di zucchero a velo
scorza di limone non trattato

unendo e staccando le dita si forma un filo. Travasate in una scodella di acciaio (in modo che non si disperda il calore), aggiungete della scorza di limone grattugiata e mescolate con la frusta per un paio di minuti. Aggiungete 2-3 cucchiai di zucchero a velo per imbiancare. Passate a velare immergendo i biscotti, sostenendoli con una forchetta, e ponendoli su una griglia. Una volta asciutti riponeteli in una latta per conservarli a lungo.

I vostri commenti

«Ciao @giusinaincucina!!!
Proprio ieri ho detto vorrei fare
questa domenica le cassatelle.
Ed oggi trovo la tua ricetta! Grazie,
domenica la provo e ti scrivo ❤»

Livello di difficoltà: **poco poco**

Cassatelle

In Sicilia ci sono diversi tipi di cassatelle. Si può dire... paese che vai, cassatella che trovi. Quella di Castellammare è una delle prime alle quali sono stata per così dire «iniziata». Le ho provate per la prima volta in un noto bar del paese, dopo la giornata al mare a Scopello o a San Vito, il passaggio lì era obbligato. Si faceva anche la fila, pur di mangiare una cassatella calda calda, con la ricotta che cadeva giù da tutti i lati. Quando poi ho provato a farla io, ammetto che mi sono venuti gli occhi lucidi. Era la mia madeleine di Proust: era il sapore e la consistenza che ricordavo. Mio marito, che è sempre molto sincero, al primo morso mi ha detto: «È il dolce più buono della vita!».

Ingredienti per circa 20 cassatelle
(a seconda della grandezza)

Per l'impasto
250 g di farina 00
60 g di zucchero semolato
35 g di strutto (o burro)
1 uovo
100 ml di vino o di Marsala
sale
zucchero a velo
(per la decorazione)

Per friggere
olio di semi

continua >

Preparazione

Per l'impasto
Setacciate la farina e aggiungete lo zucchero, mescolate e aggiungete lo strutto. Quando lo strutto si è ben unito al composto, aggiungete il tuorlo dell'uovo e un pizzico di sale; impastate fino a ottenere un composto omogeneo, quindi aggiungete il Marsala.

Quando l'impasto diventerà compatto ed elastico, fate la classica «palla» e lasciate riposare per un'oretta.

Stendete l'impasto, rendete la sfoglia molto sottile, 3/4 millimetri, e ricavate le forme con il coppapasta. Posizionate al centro di ogni dischetto la crema. Spennellate i bordi con l'albume, per far ade-

Dolci

Per il ripieno

500 g di ricotta di pecora

150 g di zucchero

40 g di gocce di cioccolato (o cioccolato tagliato a coltello)

cannella

rire bene il disco di pasta di chiusura. Ripassate i bordi con i rebbi di una forchetta. Friggete le cassatelle in abbondante olio di semi a una temperatura di 160 gradi. Appena tiepide, cospargetele con lo zucchero a velo e servite. Potete anche aggiungere un po' di cannella.

Per il ripieno

Mettete a scolare la ricotta e incorporate lo zucchero. Quando il composto sarà ben amalgamato mettetelo a riposare in frigo per almeno un'ora. Passate la ricotta al setaccio, aggiungete il cioccolato e un pizzico di cannella.

I vostri commenti

«Con le tue ricette mi sento a casa anche se sono veneto con un po' di sangue sardo. Ma amo talmente tanto la Sicilia che mi sento parte di essa. Quindi ti ringrazio di cuore ❤️»

> Livello di difficoltà: **mediamente facili!**

Buccellato della mamma

I buccellati sono i dolci tipici del Natale in Sicilia. Il primo buccellato dell'anno si mangia per l'Immacolata, l'8 dicembre. Il classico ha un ripieno di fichi, frutta secca e cioccolata. La mia versione è molto diversa, perché nessuno di noi a casa, tra me e i miei fratelli amavamo da piccoli il ripieno ai fichi. Ci piaceva mangiare la frolla svuotandola del ripieno con il cucchiaino! Mia madre non poteva accettare questo «scempio» e allora, come sempre, si è ingegnata e ha dato vita a questo ripieno straordinario. Vi consiglio di conservarli in latte di metallo: rimarranno friabili a lungo. Provare per credere!

Ingredienti per circa 30 dolcetti

Per la frolla
- 500 g di farina 00
- 160 g di strutto
- 160 g di zucchero
- 4 g di ammoniaca per dolci
- 1 uovo
- 50 ml di latte intero
- 1 bustina di vanillina
- 4 gocce di essenza di arancia
- 1 pizzico di sale

continua >

Preparazione

Impastate gli ingredienti per la frolla e fatela riposare in frigo per un'ora.
Nel frattempo fate cuocere melone e zucchero fino a quando il melone non è ben cotto, sfaldato. Aggiungete le mandorle tritate grossolanamente. Unite anche la scorza grattugiata di limone, la cannella e la zuccata tagliata a pezzettini. Appena addensato il tutto, spegnete e fate freddare. Quando è completamente freddo aggiungete il cioccolato a pezzetti.
Stendete la frolla con uno spessore di 1/2 centimetri. Mettete al centro il ripieno e chiudete come fosse un salsicciotto. Fate dei buchini e tagliate in piccoli rettangoli.

Per il ripieno

1 kg di melone bianco

800 g di mandorle pelate

scorza di 1 limone non trattato

700 g di zucchero

2 fettine di zuccata tagliate a dadini

200 g di cioccolato fondente

1 cucchiaino di cannella

Per la decorazione

miele

granella di pistacchi

zucchero a velo

1 tuorlo

latte

Spennellate con un tuorlo e un goccio di latte. Infornate in forno statico a 180 gradi per 15/20 minuti.

Appena pronti, ancora caldi, spennellateli con un po' di miele e aggiungete la granella di pistacchi. Quando saranno freddi, spolverate di zucchero a velo.

I vostri commenti

«Ciao Giusina! Sono una palermitana che non vive più nella sua amata città, ma al "norde"… dove sto bene, ma certi gusti e sapori ogni tanto mancano. Come i pasticcini di mandorle. E seguendo la tua ricetta mi sono sentita di nuovo a Palermo! Volevo ringraziarti perché è grazie a te che ho potuto riassaporare qualcosa che amo e che non mangiavo da tempo 😋 Alla prossima ricetta!»

Livello di facilità: **immenso!**

Dolcetti di mandorla

Questi dolcetti sono davvero un simbolo. Solo a vederli ti viene in mente la Sicilia. Sono dei pasticcini deliziosi, croccanti fuori e morbidissimi all'interno. Si conservano per diversi giorni, meglio se tenuti in una scatola di latta. Si possono abbellire, come ho fatto io, ma sono perfetti anche serviti senza nulla. L'unica raccomandazione: tenerli in frigo almeno 12 ore prima di metterli in forno. Solo così si manterranno in tutta la loro essenza. Provateli, sono semplicissimi, ma danno tantissima soddisfazione. Chiunque di voi li ha fatti mi ha mandato le foto di dolcetti fantastici. E mi avete regalato la vostra felicità, che poi è anche la mia.

Ingredienti per una ventina di dolcetti

- 500 g di mandorle pelate o farina di mandorle
- 300 g di zucchero
- 3 albumi
- 1 cucchiaino di miele
- 2 gocce di aroma di mandorla amara
- scorza di limone non trattato

Per guarnire

- ciliegie candite
- mandorle
- granella di zucchero
- granella di pistacchio
- zucchero a velo
- anicini

Preparazione

Montate a neve gli albumi. Unite alla farina di mandorle lo zucchero, quindi aggiungete gli albumi e il miele, l'aroma di mandorla amara e la scorza grattugiata di limone. Impastate. Lasciate riposare in frigo per un'ora. Date le forme desiderate e mettete in frigo per una notte.

Per far aderire le guarnizioni, spennellate con l'albume. Cuocete a 180 gradi in forno statico per una decina di minuti. Fate raffreddare e servite.

Dolci

> Livello di difficoltà: **mettere il sesamo...**

Reginelle

I biscotti regina o Reginelle sono tipici della cultura dolciaria siciliana. Si tratta di una frolla super fragrante che si conserva per settimane. Se riuscite a conservarli in una latta, anche dopo un mese saranno croccanti come appena fatti. La caratteristica di questi biscotti deliziosi è che sono totalmente ricoperti di sesamo. Il sesamo in realtà in Sicilia lo si chiama in tanti modi: cimino, ciuciulena, giuggiulena... insomma come volete! Grazie ai commenti che mi avete scritto, ho scoperto che non si trovano solo a Palermo ma in tutta la Sicilia. Nella provincia di Agrigento si chiamano Inciminati. Ora non vi resta che provarle!

Ps: Unica raccomandazione, fateli piccolini perché raddoppieranno di volume grazie all'ammoniaca. Se non avete l'ammoniaca, usate il lievito per dolci.

Ingredienti per circa 40 dolcetti medio-grandi

- 500 g di farina 00
- 160 g di strutto
- 160 g di zucchero
- 4 g di ammoniaca per dolci
- 1 uovo
- 50 ml di latte intero
- 1 bustina di vanillina
- 4 gocce di essenza di arancia
- 1 pizzico di sale
- sesamo

Preparazione

Preparate la pasta frolla con farina, zucchero e uovo, aggiungendovi un po' di latte e di ammoniaca, quindi lo strutto una bustina di vanillina, 4 gocce di essenza di arancia e un pizzico di sale. Impastate e lasciate riposare in frigo per almeno un'ora. Nel frattempo tostate i semi di sesamo. Dall'impasto di pasta frolla ricavate dei cilindretti, passateli nell'acqua molto velocemente e quindi nel sesamo. Poneteli su una teglia ricoperta di carta forno e cuocete per mezz'ora a 180 gradi in forno statico.

I vostri commenti

«Che bontà... se chiudo
gli occhi riesco a sentirne
il profumo...❤»

Livello di difficoltà: **inserire la crema con la sac à poche!**

Cartocci

Se dovessi dirvi qual è il dolce che tra tutti più rappresenta la mia infanzia, non avrei dubbi sulla risposta. I cartocci sono stati miei compagni di vita, almeno fino all'adolescenza. I cartocci di «Pinuzzo», titolare del bar di Cerda dove ho messo le basi per la mia cultura gastronomica fin da bambina, sono stati una delle cose più buone che un essere umano abbia mai creato con le sue mani. Credetemi, non esagero. Quando da più grandi vivevamo già a Palermo e capitava che mio padre andasse a Cerda, sapeva che non lo avremmo neanche salutato se non avesse portato una «nguantera» di cartocci. Io e mio fratello ne andavamo matti. Ne andiamo matti! La crema che trasbordava, noi che facevamo a gara a chi lo finiva prima… Insomma, quei dolci ricordi sono sempre vivi. Da quando non ho più i cartocci di «Pinuzzo», ci ha pensato mia madre a deliziarci. Ora delizio io i miei figli e mio marito. Insomma: una tradizione lunga tante vite. Questa ricetta è quella delle ciambelle, perché è la migliore ricetta della storia dei fritti dolci. Almeno per me.
Ps: I cilindri per avvolgere i cartocci sono quelli per i cannoli e li trovate online o nei negozi di articoli per pasticceria.

Ingredienti per circa 15 cartocci

- 600 g di farina
- 250 ml di latte tiepido
- 50 g di strutto
- 50 g di zucchero
- 10 g di lievito di birra fresco
- 1 uovo

continua >

Preparazione

Sciogliete il lievito nel latte e aggiungete un pochino di zucchero. Quindi impastate in planetaria o a mano tutti gli ingredienti. Fate riposare e lievitare per un'oretta. Ricavate come dei grissini sottili e attorcigliateli ai cilindri unti d'olio. Lasciate riposare ancora per circa un'ora. Appena saranno raddoppiati di volume, sono pronti

olio di semi
1 cucchiaino di sale

Per la crema di ricotta

300 g di ricotta
150 g di zucchero
30 g di gocce di cioccolato
zucchero per guarnire

per essere fritti in olio caldo (almeno 170 gradi). Appena pronti, fate raffreddare leggermente e poi staccateli dai cilindri.

Per la crema di ricotta

Unite lo zucchero alla ricotta e mescolate bene. Fate riposare 20 minuti, quindi setacciatela per rendere la crema il più fluida possibile. Aggiungete le gocce di cioccolato. Mettete la crema in una sac à poche e farcite i cartocci. Infine passateli nello zucchero e servite.

Ringraziamenti

Una notte non riuscivo a dormire, mi giravo e rigiravo e tra le varie cose, pensavo con emozione al momento in cui avrei dovuto scrivere i ringraziamenti per il mio libro, il mio primo figlio di carta. Stavo quasi per alzarmi dal letto per farlo, ma poi ho desistito. Volevo vivere quel momento con maggiore lucidità e gioia. Ed eccomi qui, sul mio pc, appoggiata alla mia amata scrivania, a scrivere sperando di non dimenticare nessuno di voi, che avete contribuito in maniera determinante a donarmi quella serenità e quella sicurezza che io non avevo e che forse non ho neanche oggi. L'ordine è casuale, non per importanza. Ci tengo a dirlo.

Si inizia sempre però dalla famiglia, a volte per convenzione, altre perché da lì si muove tutto il motore che regola la vita di ognuno di noi. Per me, ovviamente, si tratta della seconda motivazione.

Grazie ai miei uomini, che mi hanno sostenuto da sempre, da quando sono entrati nella mia vita, e ancora con maggiore cura e sostegno in questo ultimo anno, che è stato deflagrante per me e per loro. Sergio, Marco e Luca: come farei senza di voi?

Mamma Carolina, tu sei la mia maestra. Grazie per avermi donato il tuo sapere, per avermi permesso di pasticciare fin da bambina e per avermi accompagnato con cura e dedizione in questo viaggio.

Ivana, la sorella che tutti vorrebbero e che io ho la fortuna di avere sempre, ogni momento, al mio fianco. Consigliera, coach di autostima (parecchio carente la mia), stili (noi sappiamo il significato di questa parola...), risolutrice di problemi. Insomma, se non ci fossi, bisognerebbe inventarti. Grazie!

Nico, fratello geniale, quante avventure da bambini proprio grazie al cibo. E anche oggi, che sei diventato vegano, quando vieni a casa mia ti faccio mangiare sempre bene! Grazie per avermi sempre sostenuta, anche quando mi chiami Pina Furnara!

A mio padre, per essere tornato a far parte della mia vita. Grazie.

Deysi, instancabile e attenta, grazie per esserti presa cura di tutto il resto, durante le mie innumerevoli e interminabili ore passate ai fornelli e al pc.

E grazie anche al mio figlio peloso Nebbia, che ha capito subito che doveva evitare di abbaiare, quando non era il momento!

Gesualdo, la colpa di tutto questo è tua. Lo sai. Te lo rinfaccerò per tutta la vita! Hai tirato fuori, in un anno orrendo per l'umanità, una mia forza che non sapevo di avere. Solo tu ci credevi, forse sapevi dove potevo arrivare, ma io no. Non ne avevo coscienza. Dopo pochi mesi dalla messa in onda di *Giusina in Cucina*, mi dicevi che dovevo fare il libro, e io dicevo che era troppo presto... Sei contento adesso? Grazie con tutta l'anima.

Pasquale, capo, amico, agente. Insomma, da quel lontano incontro di qualche anno fa, hai stravolto la mia vita. È stato e continua a essere un onore essere parte integrante della vita dell'agenzia che con grandi sacrifici negli anni hai fatto diventare grande. Realize Networks è una famiglia meravigliosa e io ho l'onore di farne parte. Sei una persona infinitamente fantastica e questo libro è nostro. Mio e tuo, e di tutto il gruppo di lavoro che mi ha affiancato in questa avventura: Alessia, Simona, Martina, Elisa. Ma anche gli altri che non cito, ma che sono, ognuno nel proprio ruolo, attori di questo percorso.

Un capitolo a parte meritano le amiche, che con le loro telefonate, i loro messaggi e le loro parole mi hanno sempre fatta sentire grata e piena di amore. A voi devo tantissimo, ognuna sa quanto siete importanti e che ruolo avete, anche con un semplice sorriso, con una parola incoraggiante e con un abbraccio.

Rossella, erano passati pochi mesi e tu mi dicesti che appena avremmo potuto, ci saremmo prese un caffè. Ricordi? Io mi ricordo bene e grazie per avermi preso per mano e portata fino a qui. Sei speciale.

Sabrina, Francesca, Viviana, Rossella, Stefania, Alessandra, Giusina, Antonia, Loredana, Cristina, Tiziana, Eva, Antonella, Simona e tutte coloro che sono state con me in questo anno. È inutile aggiungere i cognomi. Tanto sapete benissimo chi siete.

Benedetta, chi avrebbe mai detto che io un giorno avrei fatto un libro di ricette? Credo che fosse scritto da qualche parte, ma ovviamente nella caccia al tesoro della vita, non era una mossa contemplata. Grazie per la tua amicizia preziosa.

Antonino, averti incontrato è stato uno dei regali più grandi che potevo ricevere. Uomo generoso, chef unico e solo, amico e confidente. Grazie per la tua stima, per il tifo che fai per me. Per avermi detto brava. Vale immensamente. Le nostre chiacchiere del lunedì mattina mentre fai tapis roulant sono aria pura.

Alessandro, la tua ironia e la tua grande stima per me, sono da dieci anni ormai una sicurezza. Grazie perché riesci sempre a darmi fiducia. E non è così scontato.

Salvo e Valentino, amici, fratelli. Che felicità avervi con me sempre. In ogni momento della mia vita, voi ci siete. Da diciassette anni, oramai. Ogni parola è superflua. Ma il mio grazie è pieno dell'amore infinito che ho per voi.

E grazie ovviamente all'Editore che ha deciso di dare fiducia a questa illustre sconosciuta. Spero di non deludervi.

In ultimo ma non per importanza, ma perché meritate due righe in più, grazie a voi tutti che avete avuto fiducia in me, che mi avete incoraggiata fin dal primo giorno, che avete visto ciò che io non vedevo, che mi avete chiesto quasi subito: «A quando il tuo libro?». Alcuni mi scrivevano: «Ciao Giusina, sono in libreria, ho chiesto il tuo libro, ma mi dicono che non c'è. È sicuro?». E io vi amavo sempre di più.

A voi che mi avete inondato d'amore ogni giorno, con un messaggio sui social, con un commento, con un cuore o con un like. Senza nessuna retorica: senza di voi, non avrei potuto dare vita a questa creatura. Senza di voi non sarebbe successo nulla di tutto ciò. Io vi custodirò come un bene prezioso. Ogni giorno, per sempre. Vi abbraccio tutti. Uno per volta. Grazie.

Note

Note

Finito di stampare nel mese di novembre 2021
per conto di RCS MediaGroup S.p.A.,
da ERRESTAMPA,
via Portico 27, 24050 Orio al Serio (BG)
Printed in Italy